똑똑한 여자는 감성으로 성공한다

똑똑한 여자는 감성으로 성공한다

사람과 책

똑똑한 여자는 감성으로 성공한다

마리엘라 사르토리우스 지음
안영란 옮김

초판 1쇄 찍은날 / 1999년 10월 10일
초판 2쇄 펴낸날 / 2000년 03월 01일

펴낸이 / 이보환
펴낸곳 / 사람과 책
등록일자 / 1994년 4월 20일
등록번호 / 제16-878호

우편번호 135-080 서울시 강남구 역삼동 605-10 세계빌딩
전화 / 영업부(02)556-1612~4, 편집부556-6841 팩시밀리556-6842
E-mail/ manbook@hitel.net
ⓒ 1999 Human and Book, Printed in Korea

값 7,500원

※ 잘못된 책은 바꾸어 드립니다.
ISBN 89-8117-030-4 03330

인생이 바뀐 두 친구

앞으로 10년, 20년 후의 자기 모습을 그려 본 적이 있는가? 10년, 20년 전의 모습을 되돌아 본 적은?

단순히 나이를 먹고 늙어간다는 의미를 떠나서, 누구나 겉모습과 사회적 지위들이 변한다. 그리고 스스로 그것을 느끼고 변화를 시도한다.

여기, 20년 만에 만난 두 친구가 있다. 20년 전에도 어쩌면 저렇게 다를까 하고 비교 당하던 친구들이었다. 그런데 지금은 전혀 다른 모습으로 비교되고 있다. 왜일까?

20년 만에 열린 여고 동창회에서였다.

복숭아 같은 솜털이 귀밑을 덮고 있었고, 세상을 향한 호기심으로 눈망울이 빛나던 10대에 만났던 친구들.

이제 20대와 30대를 보내고, 20년의 세월을 훌쩍 뛰어넘어

마흔이란 나이로 서로의 눈가에 자리잡은 잔주름을 바라보며 마주 서 있었다.

"애, 넌 어쩜 그대로니?"

"그 때 그 잘생긴 남자 친구는?"

기억 깊숙이 묻혀 있는 추억들을 하나 둘씩 꺼내느라 여기저기 분주하다.

그 두 친구가 동창회 내내 눈길을 끌고 있었다.

1등과 꼴찌,

20년이 지난 지금, 1등이었던 친구는 매사 의욕 없는 사람처럼 한쪽 구석에 조용히 앉아 있었다. 아이들을 별로 좋아하지 않는데도 별로 할 만한 일이 없어서 초등학교 교사가 되었고, 그냥 —정말 특별한 이유는 없었던 것 같다—두 번이나 약혼이 깨져 아직 독신이라고 했다. 당당한 독신의 모습은 어디에서도 찾아볼 수 없을 뿐더러, 찌들고 지쳐 보였다. .

그리고 꼴찌. 그 애는 졸업할 때, IQ가 별로 좋지 않았다고 했다. 그게 마치 공부를 못한 이유였다는 듯이…. 공부는 늘 뒷전이었고, 쓸데없는 일에만 관심이 많았다. 그런데 지금 그 애는 동창회의 스타가 되어 있다. 성공한 경영 컨설턴트이면서 우수한 실업가로 뽑혔고, 남편과 아이들도 잘 자란 듯 느껴졌다. 벌써 손자가 생겼다는 말도 했다. 특별히 잘난 체하지 않는데도 누구보다도 돋보였다.

어머나! 세상에! 어쩜! 친구들의 감탄사는 제각각이었지만 어쨌든 두 사람의 삶은 너무 달라 보였다. 인생이란 게 정말, 학교 때 성적하고는 별 관계가 없는 걸까?

늘 자기 표현에 솔직했고, 친구들과 선생님을 설득했고, 심지어는 수련원의 관리실 아저씨까지 자기편으로 만들었던 꼴찌의 재주.

그 애만의 비법! 그게 도대체 뭐였을까?

지금 생각해보니, 그 친구는 그 때 이미 자신의 감성을 적절하게 표현하는 능력을 가지고 있었던 것 같다. 오늘날 우리가 감성 지수(EQ)라고 부르는 능력 말이다.

전 세계는 감성 지수에 들떠 있다. 마치 새로운 상품이라도 나타난 듯 감성에 대한 기대감으로 잔뜩 부풀어 있다. IQ 높은 아이에 대한 기대감에서 EQ 높은 아이로 관심사도 바뀌고 있다. 그게 요 근래 몇 년 동안의 일이다.

이제 감성지수(EQ) 높은 사람들이 인정받는 시대가 되었다.

그런데 도대체 감성이 뭔데 혜성처럼 등장해서 사람들을 들뜨게 하는 거지? 전에는 감성을 잘 모르고 살았단 말인가? 그런데 감정과는 어떻게 다르고, 어떻게 구분해야 하는 거지? 감성 지수 높은 사람들은 다른 사람들과 뭐가 다른 거지? 남자보다 여자가 훨씬 감성 지수가 높다는 데, 왜 그런 거지?

궁금해지는 게 한두 가지가 아니다.

이 책은 감성 지수를 높이기 위한 책이 아니다.

여자라면 누구나 가지고 있는 뛰어난 감성을 찾아내고 활용하기 위한 책이다. 그런데 솔직히 말하자면 여자들은 감성이 각광받기 이전이나 감성이 대접받는 요즘까지도—물론 감성뿐만이 아니다—자신의 감성을 제대로 표현할 줄도 활용하지도 못했다. 남성 주도적이고, 지나치게 이성적이며 합리적인 사회에서 감성 표현을 부끄럽게 여기며 억눌러 왔기 때문이다.

이제 시대는 변했고, 뛰어난 감성을 필요로 하는 사회가 되었다. 여성답고 착하고 아름답다는 말에 감동하고 감사하던 시대는 갔다. 내가 만난 수많은 사람들을 통해 얻은 타고난 감성을 활용하는 여자만의 기술, 누구나 조금만 알고 익힌다면 어느새 감성을 통해 성공하고 있는 자신을 발견하게 될 것이다.

제3장 / 감성으로 승부하는 다섯 가지 방법

2

감정에 시달리는 여자, 감정을 다스리는 여자

1

똑똑한 여자의 감성은 어떻게 다른가

제1장
여자의 감성은 무죄!

숨길 수 없다면 드러내라

사람들이 감성을 대하는 태도는 예나 지금이나 별 일관성 없이 보인다. 시대적으로는 다양하게 변화하기도 했다. 감성을 드러내놓고 표현하는 게 '멋'있어 보였던 시대가 있었는가 하면, 냉철한 이성이 미덕인 시대도 있었다. 감성을 잘 드러내는 사람을 우습게 보고 자신의 감성은 감추려고 했고, 어떤 때는 감성적으로 행동하는 것이 능력이고 훈장인 양 과시하기도 했었다.

우리가 감성을 대할 때 이렇게 극에서 극으로 갈팡질팡하는 이유는 무엇일까?

감성은 그 자체가 이미 막강한 동력장치로, 폭발적인 힘을 가지고 있다. 대단한 위력을 발휘하는 감성의 속성을, 너무나 잘 알고 있기 때문일 것이다.

앞서 시대를 운운했는데, 크게 두 가지의 예를 들어보자.

감성을 위선적으로 꾸미고 과장해서 표현했던 시대가 있었다. 바로크 시대와 로코코 시대에는 감성이 일종의 각광받는 사교놀음이었다. 특히 영주들의 저택에서는 상당히 노골적이었다. 일명 태양 왕이라 불리던 프랑스의 루이 14세 시대의 베르사이유 궁전에서는 사랑의 열병을 앓고 있다는 사실을 표현하기 위해서 펑펑 울어 벌겋게 충혈된 눈을 먹물과 붉은 루즈로 그리고 (남자들까지도), 가발에다 검은 리본을 달고 다녔다고 한다.

그리고 몇 세기 후, '비틀즈'라는 그룹이 나타났다. 청년 대여섯 명이 그저 듣기 좋은 음악을 연주할 따름이었거늘 수 십만 명의 여자들이 괴성을 지르고, 울고, 까무러치고, 오줌을 싸는 등 세계적인 집단 히스테리 현상을 나타냈다.

시대는 변한다. 그와 함께 감성에 대한 생각도 변한다.

하지만 거의 모든 시대를 통틀어 변하지 않은 게 있다. 여자가 감성에 충실하고 감정을 솔직하게 드러내면 동서고금을 가리지 않고 비웃음을 산다. 하지만 더 나쁜 것은 비웃음을 감수하면서까지 드러낸 감성을 묵살하거나 진지하게 받아들이지 않는다는 점이다. 여자의 눈물 뒤에는 모종의 계략과 저의가 깔려있을 거라고 넘겨짚었고, 여자들의 목소리가 높아지면 히스테리를 부린다고 비난했다. 더욱이 토론이나 회의 중에 자신의 감정을 드러내 보이며 주장이라도 펼치려고 하면,

"이보세요. 감정은 자제하시죠!" 하고 즉시 재갈을 물린다.

여자가 감성을 드러내면서 감정을 표현하면 그 대응은 너무 빠르고 다채롭다.

'감상벽 아냐?'

'머리는 뒀다 뭐 하는 건지, 원!'

'섣불리 감정에 휘둘리지 말라구!'

'이성은 어디다 팔아먹었냐?'

'멍청한 감상주의자!'

엘비스 프레슬리는 '나는 정말 바보예요!(A Fool Such As I)'라는 노래에서 이렇게 노래했다. '내가 감상적이라면 용서하라'고. 자신의 감상적인 모습에 대해 용서를 구하는 것이다.

그 후 오랫동안 이성은 최고의 덕목이었다. 정치에서, 경제에서, 학문과 가정에서 이성에 대해 한없는 갈채를 보냈다. 냉철한 합리주의자, 차가운 디지털 두뇌, 제어되고 조종되는 로보트가 점점 더 위세를 떨쳤다. 그럴수록 감성을 신뢰하지 않고 감정 표현을 무시하는 사람들의 마음은 따뜻함을 잃어가기 시작했다.

그런데, 어느 때부터인가 갑자기 달라지기 시작했다. 가슴이냐 머리냐의 물음도 가슴 쪽으로 기울었다.

'마음 흘러가는 대로 사는 것'이 육감적이고 진보적이고, 자립적 탈 여성적이며, 섹시하고 페미니스트에 가까운 것처럼 보였다. 그렇게 몇 년 동안 거의 모든 것이 가슴 하나면 해결될 것 같았다. 그 날 저녁 어떤 영화를 볼지, 다음 선거에서는 어떤 당에 표를 줄 것인지, 아이를 낳을 것인지 말 것인지, 대출을 받을 것인지, 혹은 어디로 여행을 떠나고, 누구와 결혼하고, 말 안 듣는 아들을 혼내야 할지 여부를 모두 가슴이 정해 주었다.

다른 사람에게 특히 이성에게 다가가는 방법도 달라졌다. 감성을 한껏 부풀려야 효과적이었다. 사랑의 번민을 목놓아 노래하고, 노골적으로 질투를 표시하고 한껏 그리움에 도취될 줄 알아야, 그래야 멋을 하는 사람 축에 들었다. 상대방에게 환심을 사려면 온갖 격정(물론 에로틱한 것이면 제일 좋겠지만)에 사로잡혀 허우적거려야 했고, 이미지 관리에 신경을 쓰는 사람이라면 탱고를 안 추고는 배겨날 재간이 없었다.

웬만한 사람 같으면 감히 떠벌릴 수도 없는, 극한 상황이나 아슬아슬한 경험, 침실 안에서의 채찍질과 같은 변태적인 이야기로 무성한 토크쇼가 그나마 '신선한' 자극거리가 되었다. 그렇게 열정의 격랑에 휩쓸리고, 무아지경과 황홀경의 도가니 속에 빠진 삶! 그것만이 유일한 진실이었다.

그러자 약간씩 현기증을 느끼는 사람들이 생겨났다. 그들은 답답한 심경으로 물었다. 그 감미로운 희열과 에로티시즘에 좀 탐닉해 있었기로서니 대체 뭐가 문제냐고?

그럼 20세기가 끝나가고 있는 지금은?

이성과 합리성을 강조하고 냉철함을 중시하던 시대를 지나, 정열과 유행에 맞게 쾌락까지 음미하고 난 지금, 사람들은 한층 여유를 가지고 감성과 화해를 하기로 한 것처럼 보인다. 중용은 어딜 가나 찬사를 받는다. 소위 감성지수(EQ: Emotional Quotient)라는 것이 지능지수(IQ: Intelligence Quotient)를 칼로 도려내듯 저만치 떼어버리고서 예전에 지능지수가 누렸던 영화를 혼자 톡톡히 누리고 다닌다. 여기에 매스컴은 한 술 더 떠 감성을 적절히 활용하면 더 빨리 성공하고, 더욱 행복한 남녀관계와 건강한 삶을 누릴 수 있다고 떠들어댄다. 그런데 의문이 생긴다. 여기서 말하는 그 감성의 정체이다. 두려움이나 증오심 같은 이른바 '나쁜' 감정은 아예 처음부터 싹을 잘라버리고, '좋은' 감정만 달래고 어르고 북돋아 주라는 뜻인가?

그게 그렇게 간단하다면 얼마나 좋을까!

우리에게 있는 일체의 감정에는 비록 그것이 악의에 차고 역겹고 고통스러운 것이라 할지라도 나름대로 의미와 목적, 근거와 역사, 심지어는 운명까지도 지니고 있다.

바야흐로 여자들이 감성과 전면전을 벌일 때가 온 것이다. 감성을 속속들이 해부하고 해결하고 다스려야 할 때가 왔다는 뜻이다. 감성은 그것을 부끄러워하거나 지나치게 너그럽거나 거부해서는 안 되는 무엇이다.

우리 삶에 사사건건 끼여들어 좌지우지하는, 복잡한 감정들
도 마찬가지다. 그러려면 우선 이런 감정들의 속성을 하나하나
다각도로 조명해 볼 필요가 있다. 그래야만 시기심 같은 감정을
제대로 이해하고, 겸손에도 위선이 있음을 알 수 있을 테니까.

여자들의 감성이란 게 조금만 이리저리 돌려보면 그 실체에
접근하는 통로를 어렵지 않게 찾아낼 수 있다. 바로 그 통로를
통해서 감정의 실체와 좀 더 친해질 수 있다. 거기가 제 자리인,
바로 '내 편'인, 감정들과 다시금 우정을 맺어보는 건 어떨까?

사람마다 표현하는 방법이 다르다

어떤 사람이 어떤 감성을 가질까?

걱정하고 사랑하고, 화내고 질투하는 감정이 늘 누구에게나 고루, 그리고 적절히 분포되어 있지 않다는 전제에서 가능한 물음이다.

감성이란 인격구조나 성격, 혹은 기질 같은 게 그렇듯, 선천적으로 타고난 것과 학습과 경험으로 체득된 것이 한데 섞인, 지극히 복잡한 감정의 복합체이다. 그렇다면 우리들 본성을 근거로 감성 하나하나를 짚어보는 것은 어떨까?

'가장 친밀한 감정', 소위 개인의 기본 정서는 그 사람의 성격과 밀접한 관계가 있다. 어떤 여자의 지배적인 분위기는 바로 그 여자의 인격에서 나오는 것이다. 그렇다면 어떤 분위기의 여자가 어떤 인격을 갖고 있는 것일까?

인격에 대한 이론은 여러 가지가 있지만 지금까지 가장 흔히 쓰이는 것은 고대 그리스의 히포크라테스가 제시한 인격 분류 방법이다. 기원 전에 이미 사람을 네 가지 기질, 즉 다혈질, 담즙질, 우울질, 점액질로 분류했다. 풀어서 설명하면, 명랑하고 쾌활하지만 자극에 민감하여 흥분하기 쉬운 사람, 활발하고 진취적이지만 고집 세고 거만한 사람, 우울해지기 쉽고 사소한 일에도 걱정하는 사람, 차갑고 둔하지만 의지가 굳고 인내력이 있는 사람이다.

20세기에 들어서는 분석학자 프리츠 리만(Fritz Riemann)이 다시 네 가지 유형으로 분류했다. 그는, 심층심리학이라는 전공 분야에 걸맞게—어쩌면 문외한들이 한 번쯤 강한 이의를 제기하면서 대들 법한—노이로제 증세에서 유형들의 명칭을 만들어 냈다.

심층심리학적으로 해석한 인격의 기본 틀은 이렇다. 신경질형, 강박형, 의기소침형, 정신분열형. 좀 더 듣기 좋고 부드럽게 표현하자면 매력적인 호남(혹은 여자), 빈틈없는 완벽주의자, 다감하고도 '잔잔한 물' 같은 사람, 독립심이 강한 외톨박이이다.

'너 자신을 알라' 했던가? 자, 나는 어떤 유형인가? 아마 '난 이 유형'이라고 선뜻 말할 수 있는 사람은 별로 없을 것이다. 이 중 한 가지 유형에 해당된다고 하더라도 어떤 성향은 적고, 다른 것은 조금 더 많고 하는 식으로, 뚜렷하게 한 가지 유형만을 나타내는 것은 아니기 때문이다. 그렇게 본다면 가장 이상적인 것은 각각의 유형을 4분의 1씩 차지하고 있는 성격일 것이다.

결국 매일 계속되는 일상은 누가 어떤 유형인지 파악하는 시험 상황들의 연속이다.

만일 당신의 상사가 퇴근시간을 5분 남겨놓고서 골치 아픈 일감을 안겨준다면 당신은 어떻게 반응할 것인가?

분개한다? / 신세 한탄을 한다? / 겸허하게 받아들인다?

만일 당신의 배우자가 갑자기 혼자서 여행을 떠나고 싶어한다면 당신은 어떤 기분일까?

비참해진다? / 일단 의심해 본다. / 충분히 그럴 수 있다고 이해한다.

또 만일 당신이 아는 사람 하나 없는 파티에 갔는데, 유독 혼자만 분위기에 맞지 않게 튀는 복장을 하고 왔음을 알았을 때 어떤 기분이 들까?

어이없는 상황이 재밌어진다? / 당혹스럽고 난감하다?

우리는 매일매일 수많은 질문과 결정, 과제나 문제들과 마주친다. 그리고 이런저런 방식으로 그것을 풀어나가고, 거기에는 여러 가지 감정이 개입된다. 그런데 만일 내가 나의 기본 성향을 미리 알고 있다면 처한 상황마다 불거져 나올지도 모르는 감정에 더 잘 대처할 수 있지 않을까?

자, 그럼 각 성향의 특징에 대해서 알아보자.

— 매력적이고 쾌활한, 소위 신경질형은 자신의 실수를 대할

때도 민첩하고 세련되며 즉흥적이다. 이런 사람들은 그것을 즐기고 심지어는 노골적으로 드러내기도 한다. 자신의 허영심을 부인하지 않으면서도 마음을 완전히 열어 보이지는 않는다. 고정 불변하는 것, 부자유, 책임져야만 하는 강요를 끔찍이 싫어하는 것도 이 유형의 특징이다.

─ 강박형은 늘 정확하고, 의무에 충실하며 자제를 통해 평정을 유지하는 형으로 조직에 꼭 필요한 사람인 반면, 곧잘 불평불만을 늘어놓기도 한다. 하지만 작은 일에도 의외로 쉽게 만족할 줄 알고 어떻게 하든 자신의 높은 기대치와 타협을 본다. 이런 사람은 특히 이별을 꺼린다. 변화와 무질서, 불안감을 유난히 두려워하기 때문이다. 치명적인 질투심을 갖는 것도 그 때문이다.

─ 의기소침형은 남을 잘 챙기고 이해심도 많으며 다분히 헌신적이다. 타인의 심정과 사정을 가장 잘 헤아릴 줄 아는 사람도 바로 이 의기소침형인데, 여자들을 더욱 의기소침하게 하는 데 한 몫 하기도 한다. 이런 식으로 울적해지는 사람은 번번이 죄책감에 시달리고, 쉽사리 사랑에 빠져 허우적거리기도 하는데, 자신감보다는 열등감과 콤플렉스 쪽에 가까워 보호와 사랑에 대한 갈망은 거의 숙명적이다. 그리움 자체를 그리워하는 형이라고 할 수 있다.

─ 정신분열형은 경제적으로나 사회적으로 자립한 독신 여

성들에게서 흔히 볼 수 있는 형으로, 독립심과 자의식이 강하다. 이런 여자들이 먼저 남의 입장이 되기란 거의 불가능하며, 또 그러고 싶어하지도 않는다. 속박은 절대 못 견딘다. 자신의 마음이 닫혀 있다고 믿지만, 그래도 누군가에게 기만당하는 것만큼은 자존심이 허락지 않아 질투심도 남 못지 않다. 하지만 허영심은 없다. 자유분방해서 스스럼없이 비판하고 남을 빈정대고 싶을 때 빈정대야 직성이 풀린다.

앞서 말했듯이 '난 이 유형'이라고 자신 있게 말할 수 있는 사람은 드물다. 그만큼 우리는 한 마디로 정의하기 곤란한 다양하고 미묘한 감정 상태를 가질 때가 많다. 하지만 그렇기 때문에 어떤 면에서는 노력 여하에 따라 원치 않는 감정 상태를 벗어날 수 있다. 또 자기에게 맞고 자신의 본성에 부합하는 감정을 가려낼 수도 있다. 그럴 때는 그 감정과 더욱 친해지는 것도 좋다.

감성을 모르는 남자의 폭력

비르기트는 새 아파트로 이사하면서 있는 정성 없는 정성 모두 쏟아서 그녀의 작업실을 꾸몄다. 그 이유 중에는 그녀가 오랫동안 사귀어온 애인 하네스에게 보여주고 싶은 마음도 컸다. 마침내 그의 손을 끌고 방문을 열었을 때였다. 다짜고짜 하네스가 하는 말, "저 등이 뭐야! 허구 많은 등 놔두고!…" 거금을 들여서 달아 놓은 등을 두고 그가 이 말을 내뱉었을 때 그녀는 가까스로 눈물을 참았다. 그 생각만 하면 맥이 풀려 며칠 동안 통 흥이 나지 않았다.

– 요 몇 년 사이 게르트가 그의 아내에게 선물하는 것은 딱 한 가지. 오로지 음악 CD뿐이었다. 그것도 꼭 자기가 좋아하는 걸로만. 이제 는 컨트리 음악에 신물이 난 아내가 베토벤을 그리워하는 건 아랑곳 하지 않았다.

- 지난 휴가 때 귄터는 덴마크의 보른홀름 섬에서 휴가를 보냈다. 그
는 그 때 머물렀던 민박집 여주인을 신이 나서 찾아갔다. 올해는 그
집의 바로 옆집에서 휴가를 보냈는데, 기가 막히게 좋았다고 말해주
기 위해서였다. 여주인의 웃음이 석연치 않은 것은 당연했다. 그 날
밤 그녀는 그 말을 하는 저의가 대체 뭘까, 생각하느라 잠을 설치고
말았다. 귄터가 숙소를 바꾸어 보고 싶었던 것은 사실이었다. 그런데
그 선량한 부인에게 그 점을 좋게 설명할 순 없었을까? 아니면 아예
입을 다물던지.

- 필립은 생일이며 크리스마스 때 받는 선물이 맘에 들지 않으면 아
무렇지도 않게 겉으로 그걸 드러낸다. 아내와 아들의 실망 따위는 신
경 쓰지도 않는다. 아니, 아예 그런 사실조차 눈치채지 못한다. 그는
싫어도 좋은 척할 줄 모른다. 그래서 분위기에 찬물을 끼얹기 일쑤다.

- 마리온은 친한 친구 내외를 만나러 일부러 비엔나에 갔다. 그런데
저녁을 먹고 나자마자 친구가 부랴부랴 자리를 떴다. 자기가 좋아하
는 TV 프로를 봐야 한다며… 마리온은 어이없고 불쾌했다. 친구의
아내는 어쩔 줄 모르며 어깨만 으쓱할 뿐이었다. '어쩔 수 없는 사람
이죠?' 하는 표정으로

위 다섯 사례에 나온 남자들은 남을 배려할 줄 모른다. 즉 다
른 사람의 기분이 어떨까 하는 배려나 나의 무심한 언행에 상대
가 상처받을 수도 있다는 생각을 전혀 못한다. 그러니 죄책감도
있을 리 없다. 그러다 어느 날 아내가 떠나고, 애인에게 홀대받
고, 동료들로부터 따돌림당한다고 의아해 할 사람들도 바로 이

런 사람들이다. 이런 사람들에게는 이해심이란 한낱 낯선 단어일 뿐이고 예의와 섬세함은 딴 세상 얘기이며, 처세나 교제술은 가식에 불과하다고 생각한다.

그런데 한 번 생각해 볼 일이다. 여자들에게도 이런 냉담과 무관심이 허용되었던 적이 있었는가? 여자들이 주저 없이 충동적으로 행동해도 좋은 때가 있었던가? 없다. 대신 여자들은 남자들의 과오를 어떻게 하면 흠이 되지 않도록 능숙히 덮어줄 수 있을까 에만 온 신경을 집중하고 있었다. 감성이 턱없이 빈약한 남자들이 다른 이들의 상황과 욕구와 감정과 이상에 아랑곳하지 않고 자기를 관철시킬 때 생겨나는 충동과 마찰을 다듬고 어르고 매만져왔다. 그뿐인가. 그들의 매정한 냉담을 벌충하고, 뻔뻔스러움을 무마시키고 미소짓고 사과하며 기민한 사랑의 몸짓으로 벌어진 틈을 메우고 원상 복구시킨다. 놀랍게도 대개의 남자들이 이것에 무관심하고 곧잘 간과하는데도.

그렇다면 도무지 감성이란 찾아볼 수 없는 그들, 혹 감성이 있는 것처럼 보이지만 실상은 아닌, 그들과 어떻게 지내야 할 것인가? 또 자신의 감성을 보이지 못하거나 보이고 싶어하지 않는 사람과는?

당장 차려? 이혼 소송을 걸어? 아니면 그냥 불쌍히 여겨? 하지만 이 모든 것에 앞서 그들을 정확히 알아야겠지!

개중에는 남성 본연의 이런 결핍을 꽤 영리하고 그럴싸하게 포장하는 쪽이 있는가하면 서툴게 대응하는 쪽도 있다.

에리히 캐스트너(Erich Kästner)의 시(詩)중에 이런 시가 있다.

때로 그대는 나의 차가움에 분노했었다.
하지만 그 때의 그대가 현명했다고 말할 수밖에.
내 느낌은 항상 똑같았지만,
단 한번도 절실하지는 않았다.
...
하지만 나 같은 사람들이 또 있으니,
우리는 그만큼 그대들보다 가난한 자들인 것을.
스스로 찾기보다는 찾아주기를 원하는…
그대들이 번민하는 것을 바라보노라면 우리는 부러움에 사로잡혀.
...
그대들은 얼마나 행복한가.
다 느껴도 좋으니…
그대들이 비탄에 잠길 때 우린 그저 답답해질 뿐.
아, 우리의 영혼은 다소곳이 의자에 앉아서
뚫어져라 사랑을 응시하는 것만 같다.

전 외무장관 한스 디트리히 겐셔(Hans Dietrich Genscher)는 "난 더 이상 상처를 받지 않는다"고 자랑스럽게 단언했다. 대학생 마리오는 "난 냉철하고 합리적이다. 이렇게 사니 편하다"고 말한다. 이에 비하면 "냉혈한의 여린 속살을 누가 알까! 그는 상처를 받을까봐 두려워 보호장치를 쓰는 것이다"라고 말하는 23세의 대학생 스펜의 고백은 훨씬 더 솔직한 것 같다.

더 나아가 마르셀이라는 남자는 "나약한 감정이 더 많은 행복을 가져다 준다"고까지 말한다.

감성의 공황 상태에 있는 냉혈한, 무표정, 감정과 결부된 것이라면 모조리 초연한 금욕주의자들. 그들은 당연히 존경받을 대상인가 아니면 지탄받아 마땅한가? 그런데 막상 이들 스스로도 감성이 부재함을 보는 입장은 실로 여러 가지인 듯하다.

하지만 이전에 살펴봐야 할 문제가 있다. 그들의 이런 행동방식이 갖는 이유이다. 그저 강심장이라서? 아니면 감성 발달을 저해하는 또 다른 원인이 있는 탓일까? 만일 또 다른 원인이 있다면 그건 아마도 문화적 영향이거나 심리적 결함일 터이다.

1970년대 초 하버드 대학의 피터 시프네오스(Peter Sifneos) 교수는 심리치료도, 정신 분석도 먹혀들지 않는 정신병 환자들이 적지 않다는 놀라운 사실을 발견했다. 치료를 위해서는 기본적으로 환자가 자기의 감정 상태를 말해줘야 가능한데 그게 되지 않는다는 거였다. 그것은 감정이 전혀 없거나 아니면 감정은 갖고 있지만 단지 의식하지 못하거나 그도 저도 아니라면 느낌을 말로 표현할 능력이 부족한 언어능력상의 문제였을 것이다.

시프네오스 교수는 바로 세 번째의 현상을 '알렉시티미'라는 전문용어로 정의했다(그리스어 'a'는 '없다', 'lexis'는 '단어', 'thymos'는 '기분'을 뜻한다). 그러면서 감정이 무딘 사람들은 뇌의 변연계(limbic system)와 신피질(neocortex) 사이의 연결이 끊어져 있다고 주장했다. 한마디로 알렉시티미 환자들은 마음으로는 느끼지만 그 느낌을 말로 표현하지 못한다는 것이다. 혼잣말이든 대화를 통해서이든. 그건 수치심도 수줍음도 아닌, 단지 무지에서 비롯된 것이다.

이런 환자들에게는 어떤 결정을 내릴 때 들었던 기분을 물어보면 나름대로 객관적인 묘사는 가능하다.

포옹할 때의 느낌을 말할 때는 신체에서 전해오는 감각에 대한 설명으로 상당히 상세하다. 분노나 슬픔, 놀랍고 즐거운 감정도 마찬가지다. 이런 감정이 그들에게 어떤 의미를 갖는지 물어도 종종 아주 그럴싸한 대답이 나오곤 한다.

그러나 이들에게 예기치 못한 감정이 분출됐을 때에는 혹시 그것이 꽤 오랫동안 계획하고 꾸며진 연극이 아닌지 한 번 의심해 볼 필요가 있다.

예를 들어서 이런 일도 있었다. 후르시초프가 유엔 총회에서 연설할 때였다. 연설 도중에 격분한 그는 느닷없이 신발로 연설대를 탕탕 두드려댔다. 당연히 청중들을 그의 인간적인 면모에 깊은 인상을 받았다. 뒤늦게 밝혀진 얘기지만 그 신발은 후르시초프가 미리 서류가방 속에 넣어온 것이었다.

알렉시티미 환자들에게는 감성지수에서 이런 결정적인 부분이 빠져있다. 그래서 누굴 칭찬할 줄도, 위로할 줄도, 열렬한 구애를 할 줄도 모른다. 물론 남의 마음을 아프게 해놓고도 그걸 느끼지 못한다. 상대방의 실망한 표정, 황당한 어깨의 추스림, 기대에 찬 눈망울이나 가까스로 울음을 삼키는 눈빛들을 전혀 알아차리지 못한다. 그뿐인가. 남이 두려워하고, 역겨워하고, 화를 내거나 격분하는 것을 이해 못한다. 하물며 상상력이나 환상, 꿈은 더더욱 그렇다. 그들이 사는 곳은 싸늘한 무관심만 가득 찬, 영락없는 지옥이다.

그럼에도 불구하고 이들은 대체로 지능이 높은 편이라서 스스로의 결점까지도 잘 안다. 슈테판 케이(Stefan K.)라는 한 역사학 교수가 한 말이 있다. "관자놀이가 갑자기 뜨끈뜨끈해지는 것을 가리켜 사람들은 분노라고 하는가 보다. 뱃속에서 뭔가 약간 메스껍게 잡아당기고 손이 축축해지는 것은 아마 불안 같다."

심지어는 엉엉 울다가도 문득 자기가 왜 우는지 몰라 의아해하는 경우도 있다. 그리고 그 원인을 그냥 '끔찍하고 처참한 기분'이었다고만 한다. 그들에게 감성은 낯설고 혼란스럽고 위협적인 세계이다. 마치 손에 닿지 않는 포도를 보고 '저 포도는 신맛일 거야'라고 자위하는 여우처럼, 다른 사람들이 '감정에 빠져 허우적거리는 것'을 한심하게 쳐다보기도 한다.

결국 그 대가는 다른 이의 눈물, 아내의 외로움, 아이들의 불만과 직장 동료들의 노여움이 되어 돌아온다. 하기야 자기의 내면에서 무슨 일이 벌어지고 있는지 느끼지 못하는 사람에게 다른 사람의 마음까지 헤아려주기를 기대하는 것 자체가 무리일지도 모른다.

이런 사람들은 좋은 애인으로 남기도 어렵다. 사회생활에서 따분한 사람이 직장에서의 성공을 기대할 수 없는 것과 마찬가지다. 애정 표현이 서툴기 때문에 자연히 사랑에 실패가 잦고 두통이나 천식, 갖가지 알레르기 같은 심인성 질병에 걸릴 확률도 높다. 하지만 이런 질병 역시 내면에 갇혀 있던 감정들이 출구를 만들어 내보내달라는 신호임을 아는 사람은 드물다.

하지만 막상 냉철한 면모가 반드시 우쭐해할 만한 재능이 아니며 심지어는 병적 상태일 수 있다는 사실을 알게 되면 사정은 달라진다. 비정한 강심장, 전혀 감정의 동요를 모르고 덕분에 상처받을 걱정도 없는 사람들은 따지고 보면 인생에서 많은 부분을 놓치고 사는 헛똑똑이인 셈이다. 특히 자연스런 감정을 부인하는 데에 급급할 뿐, 다른 사람들과 더불어 살면서 느낄 수 있는 삶의 가치를 잃어버리고 있는 것이다.

고객의 취향에 둔감하거나 아예 무시하는 가게 주인은 점점 파리만 날리게 되고, 손님의 기분에 상관없이 술 따르기에만 여넘이 없는 술집 주인은 머지않아 혼자서 술잔을 기울이게 된다. 그리고 환자의 마음을 헤아리지 못하는 의사는 얼마 못 가 거꾸로 환자를 찾아다니지 않으면 안 되는 세상이 올 것이다.

세심하고 친절하면 무능하다?

의사만큼 차가운 이미지가 굳어진 직업도 드물다. 그래서 때로는 푸근하고 인정미 넘치는 의사를 만나면 말투에서 친절함까지 왠지 가식적이라는 느낌마저 드니까. 그만큼 우리가 의사들한테 받았던 인상은 좋게 말하면 예의 바른 거였고, 나쁘게 말하면 차고 비정했다.

독일근로자보험(DAK)이 환자 12,000명을 대상으로 한 여론조사에 따르면 그들 중 3분의 2는 의사들에게서 정서적으로 충분한 배려를 받지 못했다고 답했다. 반면 병에 대해서 심리적으로 어떻게 대비해야 할지 도움을 받았다고 답한 환자는 겨우 5명 중 1명에 불과했다.

노먼 프레드릭슨(Norman Fredriksen) 이라는 미국의 심리학자는 유방을 들어내야 하는 가짜 유방암 환자를 만들어서 인턴들에게 보냈다. 그리고 인턴들이 이 '가짜 환자'에게 어떤 식

으로 진단 결과와 수술 과정을 알려주는지 시험을 해봤다. 결과
는 아주 충격적이었다. 만일 진짜 환자였더라면 분명 심한 정신
적 충격과 상처를 받았을 것이었다. 그런데 더 묘한 것은 전공
시험에서 우수한 성적을 받은 인턴일수록 환자를 대하는 태도가
잔인했다는 점이다. 다시 말해 학문적이고 추상적인 지능이 높
을수록 미래 의사들의 사회적 · 정서적인 지능은 떨어졌다는 의
미다. 모두 잠정적인 환자들인 우리에게 세심하고 인간미 있지
만 무능한 의사를 택할 것이냐, 아니면 잔인하고 유능한 의사를
택할 것이냐 하는 어려운 선택을 요구하는 어두운 결말이다.

　이에 대해서 종양학자이자 독일 암환자지원협회 소속 '생물
학적 암치료' 연구팀의 대변인 게르빈 카이저(Gerbin Kaiser)는
1996년 5월 〈오늘의 심리학〉 인터뷰에서 이렇게 말했다.

　"환자를 치료할 때는 '희망의 원리'를 좀더 의식적이며 다양
한 방법을 통해서 적극적으로 응용하면 현대 의학에 커다란 도
움이 될 겁니다. (…) 의사의 열린 마음과 인간적이고 따스한 인
간미가 단순한 '약 배달원'보다 더 절실한 실정입니다. 앞으로는
의과대학이나 의료인 재교육에서도 이와 같은 인성 교육이 한층
더 강화되어야 할 겁니다."

　사실 독일 의료계에선 새로운 치료법이 등장한 지 오래다.
'클라이언팅(clienting)'이라고 불리는데, 의료 분야의 '고객 서비
스'라고 할 수 있다. 환자와의 친밀감을 바탕으로 정서적인 면까

지 배려하면서 서비스하려고 한다. 미국에선 이미 오래 전부터 의료 행위로 실천해온 것이기도 하다. 한 예로 미국 의사 중 63 퍼센트가 자기 환자에게 정기적으로 전화를 걸어 건강 상태를 살피고 도와준다고 한다. 환자에 대한 전인적인 관심을 쏙 뺀 전문 의술만으로는 환자에게 다가갈 수 없음을 인식했다는 증거다.

하지만 병원에 가서 냉담한 의사에게 푸대접받은 경험이 한두 번이라도 있는 사람이라면 다음의 사례들도 낯설지 않게 느껴질 것이다.

— 미리암은 잇몸에 상처가 생겨 치과에 갔다. 아무 말 없이 조직의 일부를 떼어 낸 의사가 한 말은 겨우 '결과는 며칠 후에 나온다'는 한 마디였다. 이것저것 물으면 의사한테 폐를 끼칠지도 모른다는 생각에 미리암은 서둘러 가방을 챙기면서 말했다. "괜찮겠지요?" 그러자 의사가 짜증스런 표정으로 덤덤하게 말했다. "암이나 매독도 이런 증상을 보일 수 있습니다." 미리암은 머리가 멍해져서 밖으로 나왔다.

— 페터는 편두통이 심해서 뇌파 검사를 받았다. 신경외과 의사는 몹시 심각한 표정으로 한참 동안 그래프를 쏘아보더니 '거 참!'하는 말을 반복해 중얼거렸다. 버럭 겁이 난 페터가 마른침을 삼키며 '무슨 일이냐?'고 묻자, 의사는 사뭇 거만하고도 짤막하게 중얼거렸다. "뭐, 뇌파가 좀 특이하긴 하지만 병은 아니에요."

앞서 말한 새로운 각성은 비단 의학교육에만 국한되지 않는다. 교육학자들도 이제껏 소홀했던 감성 교육에 적극적인 관심을 갖고 있다.

에르랑엔 대학에서는 새로운 영재 교육 제도에 대한 회의를 품게 한 일이 벌어졌다. 영재 교육에 선발된 IQ 130 이상인 7~14세의 아이들은 컴퓨터 앞에서는 뛰어난 신동이었지만 평범한 학교 생활에는 잘 적응하지 못했기 때문이었다. 감성 발달이 부진한 경우도 많았고 수업에 지장을 줄 뿐만 아니라 그들 스스로도 그것 때문에 괴로워하는 것 같았다. 그래서 그들 중에는 친구들과 잘 어울리지 못해 주변을 맴도는 아이도 생겨났다. 요즘 에르랑엔 대학측은 '창의력을 키워주는 작문 시간'까지 마련해서 이 영재들의 재능이 몽땅 두뇌로만 쏠리지 않고 느낌과 감각에까지 고루 미칠 수 있도록 배려하고 있다.

독일연방 국민건강 계몽본부도 비록 남자아이에 국한되기는 했지만 초기 증세에 있는 '감성 미진아들'을 맡아 돌보고 있다. 그리고 바트 호네프 회의를 선두로 한 남자아이의 성 역할 교육에 관한 세미나를 조직해서, 약 120명의 전문가들이 어떻게 하면 아이들에게 '느낌'을 가르칠 수 있을지 토론도 하고 있다.

남자아이들이 느끼는 '정서적 혼돈'을 바로잡아 주자는 목적에서다. 하지만 그들은 이 아이들이 보고 배울 만한, 감성적으로 성숙한 남성상이 아직 존재하지 않는다는 벽에 부딪쳤다. 자신의 본연의 모습과 강점과 한계를 떳떳이 말하지 못하는 남자들은 우리 곁에도 얼마나 많은가. 그럼에도 불구하고 학교는 예나 지금이나 버거운 과목들을 내놓고 주입식 공부로 좋은 성적을 내라고 재촉할 뿐, 그들의 지각을 키우고 감성을 윤택하게 할 만한 프로그램 제시하지 못하고 있다.

라인홀트 문딩(Reinhold Munding)과 라인하르트 빈터(Reinhard Winter)라는 성교육학자들은 세미나에서 내면의 소리에 귀 기울이고 좀더 다양한 의사소통과 다른 사람들과의 신체적인 접촉을 통해서 인지 능력과 자아 전달 능력을 향상시킬 수 있는 학습이 필요하다고 주장했다. 즉 감성 지수를 가르쳐야 한다는 것이다.

남자는 이용하고, 여자는 묵살한다

여자와 남자의 감성은 근본적으로 두 가지가 다르다.

첫째, 여자는 남자보다 감성이 풍부하고 둘째, 여자는 남자보다 감성을 다루는 데 서툴다는 것이다.

더 풍부한 감성을 가지고 있으면서도 그걸 제대로 다룰 줄 몰라 묵힌다는 것은 정말로 안타까운 일이다. 우선 그 일차적 피해자가 바로 여자들 자신이기 때문이다. 감성의 관리 능력 부족은 이성 교제 시 문제를 일으키고, 직장에서 부당함을 겪게 하는 주범이자, 사소한 일상마저 힘들게 하고 때로 심리적·육체적인 건강까지 위협한다.

한편, 그녀들의 애인과 상사와 남자 동료들은 요즘 어떤가? 남성과 관리자를 위한 감성 계발 강좌나 그와 유사한 학원들을 발빠르게 오가고 있다. 그래서 그들은 성공리에 소기의 목적을 달성했거나 달성해 가는 중이다. 학습 속도도 매우 빠르다. 그래서 새로 얻은 감수성, 융통성, 온유함과 직접 배양한 감정들을 마음속에, 필요에 따라서는 서류 가방 속에까지 담아 가지고 다닌다. 그리고는 그걸 사무실에서, 테니스 코트에서, 집안의 밥상 위에서, 혹은 동창회에서, 결국은 침실에서도 풀어놓는다. 적어도 그들은 노력을 하고 있다.

하지만 여자들은 여전히 감성 관리에 구태의연하다.

여자의 감성은 남자에 비해서 훨씬 복잡하고 깊고 미묘하고 현란하고 비밀스럽고 교묘하고…. 그렇다. 그 말은 자칫 사악할 수도 있다는 얘기다. 다른 모든 보물이 그렇듯 이토록 엄청난 감정의 보고(寶庫)는 그 가치만큼이나 화를 초래할 위험도 크다는 뜻이다. 여자들의 변덕과 민감성은 벗겨내고 벗겨내도 끝이 없다. 때문에 지레 겁을 내는 남자들도 많다. 그도 그럴 것이 여자 스스로도 자신의 감성이 겁날 때가 있는데…. 그건 여자들이 수천 년에 걸쳐 자기 감성과 본성을 수면 저 밑바닥에 숨겨놓고 가능한 한 주위에 물이 튀기지 않도록 조심하도록 길들여지는 데에 순응한 것만 봐도 알 수 있다.

우선 그 예로 우울이라는 감정을 해석하는 양쪽의 입장을 보자. 사실 우울함에 남자와 여자의 구별이 있을 리 없음에도 불구하고 그 감정의 해석에 있어서는 남녀가 사뭇 다르다. 유독 자의식이 강했던 페터 한트케(Peter Handke)라는 독일 작가는 이렇게 말했다. "나는 우울증에 시달리고 있다. 하지만 그 사이 이 우울증에서 벗어나는 법을 터득했다. 무조건 걷는 것이다."

그런데 그보다 자의식이 떨어지는 톱모델 나댜 아우어만(Nadja Auermann)은 어느 잡지 인터뷰에서 "난 너무 감상적이예요. 작은 일에 너무 마음을 쓰는 게 흠이죠. 아마 이런 걸 가리켜 전형적인 독일형 우울증이라고 하나 봐요."라고 했다.

화목이라는 미명 하에, 때로는 분위기를 망칠까 두려워 여자들은 감성을 위축시키고 묵살한다. 아이들, 직장 상사, 남자 동료, 하여튼 그들이 남자인 이상 그들의 비위를 맞추느라 급급하다. 그러다 남자들의 무딘 감성과 주위 사람을 아랑곳하지 않는 행동이라도 나오면 그걸 고쳐주기까지 해야 한다. 마찰과 잡음을 무마시키고 복잡하게 얽히면 풀고, 이웃과의 관계가 원만하도록 신경 쓰는 것도 왠지 여자의 몫이 되어 있다.

그러면서 여자들은 자신의 감성을 억누르고 방치했다. 이런 식으로 말이다.

- *그 자리에서는 분노를 꿀꺽 삼키지만 나중에 먹은 걸 모두 토해내는 토식증을 일으킨다.*
- *억지로 섹스에 응하고 오르가슴을 느끼는 척한다.*
- *어쩌다가 노여움에 폭발하고 나면 곧 자신의 무모함을 후회한다.*
- *시기심을 인정할 수 없다.*
- *복수를 하고 괴로워한다.*
- *골동품 도자기를 집어 던지려다가도 결국엔 싸구려 냄비를 집어든다.*

- 너무 기뻐하거나 마음이 들떠서는 안 될 것 같다.
- 상대가 미워지면 더 사근사근해진다.
- 화가 나도 아닌 척한다.
- 고함을 지르고 싶어도 자신이 없다.
- 슬플 때 눈물을 참는다.
- 그러다 울게 되면 남에게 압력을 가하는 수단으로 이용한다.
- 사랑을 하면 너무 깊이 빠져 허우적댄다.
- 불안을 느끼면 부끄러워진다.
- 너무 사소한 일에서 깊은 수치심을 느낀다.

늘 그렇지는 않지만 이런 일이 너무 빈번히 일어난다는 게 문제다. 그렇다면 이런 여성의 감성 지수는 얼마나 될까? 감성 지수가 잠재된 소질과 재능을 뜻한다면 이런 여성의 감성 지수는 아주 높은 편이다. 그러나 감성 지수가 그 소질과 재능을 발휘하는 것을 뜻한다면 이런 여성의 감성 지수는 오히려 낮은 편이다.

마지막 세일에 흥분하는 여자

"암 탉이 울면 집안이 망한다!"

"여자는 소리만 요란한 빈 수레다!"

"'남자의 육감'이라고? 무슨 소리! '여자의 육감'은 들어봤어도 남자의 육감은 아니야."

이 말에 동조를 하든 안 하든 평생 이런 말을 듣고 살다보면 자기도 모르게 세뇌가 되는 법이다. 그리고 굳이 정당성의 근거를 찾으려 들면 없는 것도 아니다. '마지막 세일'이라는 광고판 아래서 미친 듯이 속옷 더미를 파헤치는 남자를 본 적이 있는가? 호들갑떠는 남자는? 눈치를 안 살피고 엉엉 우는 남자아이는? 남자에게 고통을 허락하는 인디언 부족이 있다는 얘길 들어본 적이 있는가? 아마 없을 것이다.

왜일까? 왜냐하면 남자들은 속옷을 사는 걸 취미로 여기지 않으며, 아내의 란제리는 아내가 직접 고르는 게 낫다고 생각하기 때문이다. 그리고 쇳소리 나는 높은 소리는 어차피 성대의 구조가 다르게 만들어져 있으므로 불가능하다. 정말 서러워서 울고 싶은 남자아이는 '사내 대장부가 울긴 왜 울어?' 하는 그릇된 남성상과 울음을 통한 감정 표현을 비하하는 세인들의 입버릇 탓에 평생 한 번 마음놓고 울 수조차 없게 된다. 인디언 부족에 관한 것은 어차피 별로 아는 바가 없으니 넘어가자.

아무튼 남자들도 훈련을 받은 덕택에 어느덧 여자들 못지 않은 육감을 지니게 됐음은 부인할 수 없다.

이렇게 반문하는 사람도 있을 것이다. 아무리 그래도 신비한 영감, 갑작스레 떠오르는 아이디어나 예감, 혹은 오감이 아닌 제 육(六)의 감(感)이라는 육감을 가진 여자가 유리하지 않겠느냐고. 육감의 정체는 무엇이냐고. 육감은 앞으로 일어날지도 모를 불길한 일을 경고하고 적절히 대처하도록 우리를 돕는 감성이다. 그렇다면 그것이 대체 무엇이길래 우리가 창의적이 되도록 해주고 기발한 발상으로 이끌고 다른 사람들과의 관계에 윤활유가 되어주는 것일까?

여자가 육감을 느낄 때

여자에게는 드문 직업인 요트 강사로 일했던 우테의 이
야기이다. 요트를 타고 항해하던 도중, 바람이 잦아들었기 때문
에 미풍이나마 최대한 이용하려면 돛을 올려야 했다. 그런데 우
테는 자기도 모르게 순간적으로 좀 엉뚱한 행동을 했다. 졸고 있
는 학생들을 깨워 서둘러 돛을 걷도록 했던 것이다. 당연히 학생
들은 어리둥절해했고 우테는 그 때 상황을 이렇게 회상했다.

"그런데 이게 웬일입니까. 돛을 걷은 지 채 2분도 안 되었는
데 갑자기 거센 돌풍이 일었습니다. 그리고는 곧 폭풍우로 바뀌
더군요. 일기 예보에도 없었고, 그 시기에 그리스 해협에서는
정말 드문 일이었죠. 돛을 감아서 바람의 저항면을 최대한 줄였
기에 망정이지 하마터면 큰 사고를 당할 뻔했어요."

그런데 이상한 것은 이 말을 하는 우테에게서 아슬아슬한 순
간을 슬기롭게 넘긴 사람으로서의 자부심이나 안도감은 찾아볼

수 없었다는 것이다. 오히려 정반대였다.

"지금도 그 일을 생각하면 아연해질 뿐이에요. 누구보다도 저 자신에게 실망스러웠다니까요. 내가 배운 건 그게 아닌데…. 어떻게 그런 말도 안 되는 행동을 할 수 있지? 저녁 때 배가 무사히 항구에 닿자 사람들은 저를 영웅 취급하더군요. 하지만 찜찜한 기분은 좀체 가시지 않았어요. 사실 제 행동은 전혀 칭찬거리가 못됐으니까요. 이론 교육에서는 꽤 우수한 성적을 받았었는데 왜 그런 근거 없는 오판을 했는지 나도 모르겠어요."

여러 사람의 생명까지 구해낸 육감에 그녀는 감사는커녕 자책을 하고 있었다. 다음 얘기를 들어보면 이해할 수 있을 것이다.

"당시 저는 방학을 이용해 아르바이트로 요트 강사를 했습니다. 원래는 수학을 전공해서 지금은 공과대학 강사를 하고 있지만요. 남자들의 영역을 침범한 거죠. 감히 그들의 영역에서 그들과 경쟁하기 위해서는 원하든 원치 않든 저는 사고방식까지도 논리적이고 합리적으로 변하지 않으면 안 되었어요. '내면의 소리' 같은 건 저에겐 크나큰 핸디캡이자 늘 경계해야 할 적이었어요. (잠시 주저하다가) 그런데 몇 달 전, 앞을 볼 수 없는 급커브 길에서 본능적으로 급제동을 하고 난 다음부터는 달라졌어요. 많이 혼란스러웠죠. (무슨 일이 일어났던 걸까?) 글쎄, 커브 길을 돌자마자 세 살배기 꼬마가 길 한복판에 우뚝 서 있지 뭐예요?"

수학을 전공했다는 우테와는 달리 여류 화가인 안드레아는 이 '알 수 없는 힘'에 대해서 다소 모호하고 추상적이었다. 빨간 파마 머리에 요란한 검은 장신구들을 흔들어대던 그녀는, 지극히 평범하고 건강한 모성본능이나 경험에서 생기는 감성까지도 육감으로 확대시켰다.

"전 제 아이들 중 누가 넘어져 무릎을 찧으면 바로 그걸 느낀답니다. 바로 그 순간 전기 충격이 가해지듯 전신이 짜릿해지거든요!"

그녀는 그걸 가리켜 '모든 여자들이 육감으로 얻을 수 있는 동물적이자 원초적인 지식'이라고 불렀다. 그리고 이렇게 덧붙였다. "그뿐인 줄 아세요? 저는 남편이 바람 필 때마다 정확히 그걸 잡아내지요."

하지만 그녀의 경우는 '자라 보고 놀란 가슴 솥뚜껑보고 놀란다'는 격이다. 개구장이 아이들은 거의 매일 무릎을 찧었고, 그룹사운드의 클라리넷 연주가인 그녀의 남편은 순회공연 때마다 극성 여자 팬을 침대로 끌어들이는 일을 과업으로 삼는 사람이었으니 말이다.

상황이 그러고 보니 그녀는 여자의 육감을 빙자하고 좀 더 과장해서 남에게 압력을 가하는 일도 서슴지 않았다. "귀신은 속여도 날 못 속여. 난 당신 속에 열 번은 더 들어갔다 나왔다고!" 하는 식으로….

과연 이런 게 '여자의 육감'일까? 아니, 정말로 여자의 육감이라는 게 있기나 한 걸까? 여자들만이 지니는 특별한 감성이 따로 있는 것인가에 대한 물음이 흥미로운 만큼, 여자들이 그런 감성을 어떻게 대하는가를 관찰해 보는 일은 유익하다. 여자들 자신이 육감이라는 능력을 어떻게 평가하느냐에 따라 그 육감에 대한 태도 역시 달라지기 때문이다. 그건 주로 '거부', '호감' 혹은 '수용'이라는 양상을 띤다. 다시 말해, 무의식적인 지식인이 신비스러운 원초적 감성을 대하는 태도 역시 다른 여타의 감정들을 대하는 것과 별반 다를 게 없다는 얘기다. 그래서 일단 수용하고 나면 무얼 캐내고 협상하고 결정할 때 마치 무슨 보조 수단이나 압력 수단쯤으로 알고 육감을 사용한다.

　　흔히 말하는 '여자의 육감'에 대한 해명은 많다. 그런데 여기서 눈길을 끄는 건 여자들이 이 재능만큼은 숨기려 하지 않는다는 점이다. 사실 여자들은 남자와는 다르게 수천 년 동안 합리적인 사고 방법을 배울 기회가 없었다. 그렇다고 그들의 일상이 자기 주장이나 자아 성취가 가능할 환경도 되지 못했다. 외려 자신의 존재 자체를 죽이고 살도록 강요만 당해왔다. 그런데 어쩌면 그 때문에 여자들은 육감으로까지 비약할 수 있을 정도로 자유로운 정신 세계를 가질 수 있었는지 모른다. 우선 이성(理性)을 따라야 한다는 강박관념으로부터 자유로웠고, 인식의 샘물을 담아둘 또 다른 저장고 하나를 비축할 수 있었다(심리학에서는 이를 가리켜 '자유 개발 공간'이라고 부른다).

여기에 여성 두뇌에는 사실로 입증된 장점이 한 가지 더 있다. 사람의 뇌 중 왼쪽 뇌는 상대적으로 이성적인 사고를, 오른쪽 뇌는 좀 더 감성적인 사고를 주관한다고 알려져 있다. 그런데 바로 우뇌에서 좌뇌로, 혹은 좌뇌에서 우뇌를 넘나드는 속도가 남자보다 여자가 훨씬 빠르다는 것이다. 이것은 여자가 남자보다 한결 완벽한 인지를 할 수 있다는 뜻이다. 때문에 똑같은 상황에 처하더라도 남자보다 여자가 그 상황을 한결 복합적으로 파악할 수 있다. 그리고 이것을 육감이라는 여분의 능력을 가지고 좀 더 유연하게 대처할 수 있는 것이다. 이성과 감성을 넘나든다니, 얼마나 기막힌 일인가!

그러기는 헬렌의 경우도 마찬가지였다. '당신에게 육감이 있다고 믿느냐'는 질문에 그녀는 마치 '굶으니까 배가 고프더냐'는 질문이라도 받은 듯 어깨를 으쓱해 보일 뿐이었다. 그녀는 남편과 사별한 후 전자제품 중소기업을 경영하고 있다. 험한 인생역정에도 불구하고 그녀에게는 성공한 40대 여자의 우아한 아름다움이 있었다.

"남편은 암 선고를 받자 나를 회사 경영에 끌어들였어요. 그리고 몇 년 간은 외국 공급사와 협상하기 전에 벌이는 준비작업 때문에 시시콜콜 남편에게 잔소리를 들어야 했지요. 남편은 날 이렇게 타박하곤 했어요. '대체 당신 어떻게 협상을 끌어갈 작정

이오? 제대로 준비한 거야? 메모 해둔 것 좀 내놔 봐!' 그럼 난 대답했죠. '난 지금 우리 상황에서 필요한 게 무엇인지 잘 알고 있어요. 그거면 충분해요. 그 나머지는 회의를 진행하다보면 차차 떠오를 거예요.' 남편은 한심하다는 표정이었지만 회의에서 돌아오는 내 손에는 언제나 최상의 계약서가 들려 있었죠."

그녀의 정확한 판단 감각은 지금도 여전하다. 이것이야말로 인간에 대한 이해, 감정이입에 대한 능력, 육감 등이 겸비된 순수한 형태의 감성지수가 아닌가 싶다.

"사실 난 프로이센식 완벽주의자 형에 가깝고 내가 생각해도 매우 단도직입적이에요. 그렇지만 대화를 할 때는 순간 순간에 스치는 느낌과 발상을 놓치지 않고 거기에 충실하려고 애쓰죠. 제일 먼저 분위기, 전체적인 주변 분위기를 살피죠. 그리고는 마음을 비워둡니다. 막상 협상에 돌입하면서부터는 상대방의 불안이나 두려움, 욕심, 분노, 결연한 의지 등을 읽으려고 노력합니다. 그러면 자연스럽게 거기에 대한 적절한 대책이 나와요."

헬렌의 명확한 자의식은 최적의 순간에 최적의 언어를 구사하도록 확신을 준다. 보통 사람 같으면 부담감을 가지고 어떻게든 잘해볼 요량으로 이리 굴리고 저리 재고 할 사항을 그녀는 길게 생각할 것도 없이 그냥 자신의 육감에 맡겨버리는 배짱을 발휘하는 것이다.

"늘 그런 식이었어요. 언젠가 딸아이가 다니는 학교에 학부

형회에 갈 때였어요. 평소 딸아이 하는 걸로 봐서는 선생님께 칭찬을 들으리라 기대할 수 없는 입장이었죠. 좀 말썽이 심했거든요. 하지만 아무런 사전 준비나 변명거리도 만들지 않은 채 학교에 갔습니다. 그건 자연히 떠오를 테니까요. 결국은 모든 일이 아주 원만하게 해결되곤 했어요."

이들 셋이 말하고 있는 것 중 공통된 것은 때때로 자기들을 안내해 주는, 설명할 수 없는 어떤 지식이라는 것이다. 딱히 '왜'라고 이유는 델 수 없지만 거의 본능적으로 어떤 결단을 내리게 되었다고 고백한다. 거기에는 분명 '마음 가는 대로'라는 식의 태도가 압도적이었다. 그들에게 옳은 점이 있다면 그건 바로 그들이 가진 비범한 재능을 홀대하지 않았다는 것. 육감을 기꺼이 받아들였다는 것이다.

그렇다면 남자들에게서 이런 경험담이 나오지 않는 까닭은 무엇일까? 그저 그런 에피소드가 일어날 기회가 없어서일까? 아니면 이런 종류의 지식에서 그들만 소외된 것일까? 가지고 있지만 떠벌리지 않을 뿐인가?

바로 얼마 전까지만 해도 남자들은 이 내면적이고 무의식적인 지식에 이르는 통로를 스스로 차단해왔었다. '가슴으로' 무언가를 결정한다는 것은 남자로서 할 짓이 못 되었다. 면밀히 계획하고 심사숙고하고 배운 지식과 정보를 종합해서 다시 한 번 그걸 토대로 검토하고 결과를 예측하는 것. 그들이 수백 년 간 의

존해온 사고 구조란 바로 이런 것이었다.

그래야 이런 사고에 서툰(다른 사고체계를 계발하고 익숙한 훈련을 받느라고) 여자들이 함부로 덤벼들지 못할 거라고 믿었었다.

게다가 전통적인 역할 분담이 남자들로 하여금 무작정 어떤 일을 저질러 보거나, 한 번쯤은 예감에 맡긴다거나, 출처 불분명한 정보를 거침없이 받아들이는 우(?)를 범하지 못하도록 가로막고 있었다.

그러는 사이 육감은 점차 여자만의 전유물로 굳어져갔다. 가정의 평화와 조화, 자녀 양육과 교육, 가족 구성원의 행불행에 대한 책임이 주로 여자에게 떠넘겨지면서 이것은 다시 여자들에게 예리한 청각과 지각과 분별력과 감정 이입의 능력을 더해 주었다. 그건 또다시 육감이 자라기 좋은 토양이 되었고 남자와 여자들의 들녘엔 어느덧 그들을 가르는 말뚝이 단단히 꽂히게 된 것이다.

그런데 근래는 남자들에게도 꽤나 유용할 듯 보이기 시작한 내면의 소리를 더 이상 여자만의 특권으로 양보하려고 하지 않는다. 단지 육감을 드러내는 방식이 다를 뿐이다. 전적으로 육감에 따르지 않고 철저한 필요와 계산 하에 육감을 개발하는 게 그들의 방식이다. 경영에까지도 여성들만의 전유물로만 취급돼 온 부드러움을 '소프트 스킬(soft skills)'이라는 소양으로 강조하는 것도 좋은 예다. 그리고 이 소프트 스킬에는 지엽적인 사고보다는 총체적인 사고와 사회성, 의사소통 능력, 협동심과 육감까지도 포함된다. '소프트 스킬'을 익히기 위해서 관리자를 위한 자기개발 프로그램을 맹렬히 좇아다니는 남자들을 보면 경이로울 따름이다.

　허나 안타깝게도 육감은 배울 수도, 가르칠 수도 없다. 천부적으로 타고나는 것이기 때문이다. 그러니 남편이 안경을 찾아온 집안을 들쑤셔 놓을 때 육감적으로 어떤 쿠션 밑에 손이 들어가는 것은 기뻐해야 할 일이다. 오랜만에 만난 친구가 실연에 빠져 있음을 직감하고 위로해줄 수 있을 때는 기뻐하자. 등산 도중 불길한 예감에 하산해 보니 아버지가 심장마비로 응급실에 실려갔다면 그것도 기뻐할 일이다. 또 멀리서 누군가 날 지켜보고 있을 때 무심코 뒤돌아볼 수 있는 능력도 기뻐하자. 원한다면 그에게 미소를 던져도 좋다. 아주 육감적으로.

제2장
똑똑한 여자가 감성을 활용할 때

통하는 사람은 따로 있다

밀라노에 갔을 때의 일이다. 대규모 전시회 준비차 미술
사학자들과 갤러리 경영진들, 그리고 미술부 기자들로 구성된
일행이 밀라노에 모였다. 그 중에 장애인 한 사람이 끼어 있었
다. 안젤로라는 청년이었는데, 어릴 적 소아마비를 앓아서 한쪽
다리를 심하게 절었다. 특히 걸을 때는 근육이 약한 짧은 다리에
균형을 잡느라 지팡이를 잡지 않은 팔을 위태롭게 휘저었다. 보
기에도 참 안쓰러운 모습이었다. 자연히 일행은 그의 늦은 걸음
에 조심조심 보조를 맞춰야만 했다.

그 날은 갤러리에서 회의를 마친 뒤 모두 함께 근처 식당으
로 향하고 있었다. 보도는 한꺼번에 밖으로 쏟아져 나온 사람들
이 삼삼오오 짝을 지어 걷고 있었다. 안젤로는 자연히 뒤로 처
졌다. 그 때 웬 젊은 여자 갤러리스트가 뒤를 휙 돌아보더니 농
담 반 짜증 반 이렇게 소리쳤다. "어서 와요, 안젤로! 걸음 한 번

끝내주게 늦네요!"

　일순 사람들의 당황스런 시선이 재빨리 교차되었다. 그들의 시선 속에는 마치 그 소리를 못 들은 척하고 싶은 난감한 빛이 역력했다. 그런데 이상했다. 정작 안젤로의 얼굴은 환하게 빛나고 있었으니! 그가 그렇게 환하게 웃어보기도 정말 몇 년 만인지 모른다.

　그녀는 그가 장애라는 사실보다는 그의 감성과 기분을 더 배려했다. 그는 동정보다는 자기도 다른 사람과 다를 바 없다는 동등함을 인정받고 싶었던 것이다. 그리고 그녀는 섬세한 감성으로 그걸 읽었다. 그는 언뜻 보기에 무례하기 짝이 없는 그녀의 이런 채근에 환성이라도 지르고 싶었을 것이다. 오랫동안 간절히 염원해 오던 일이 이뤄지는 순간에나 내지를 법한 그런 환성을 말이다.

　감성 지수란 바로 이런 것이다. 상대방의 감성 상태를 무의식적으로 헤아리는 것. 그리고 그것을 현명하고 재치 있게 보여주는 게 무엇보다 중요하다.

예기치 않은 순간에 찾아오는 감성

이제는 자신의 감성 상태가 어떤지를 알아내는 작업이 필요하다. 앞서 본 젊은 갤러리스트도 바로 이 단계에 도달해 있다고 할 수 있다. 더욱이 그녀는 무의식적으로 깨달은 것을 재치 있게 행동으로까지 옮겼다.

아무튼 여자가 잠재적으로 가지고 있는 무궁무진한 감성은 우선 그걸 바로 보기, 깨닫기, 다음으로 해석과 분류라는 과정을 거쳐야 한다. '서 말의 구슬을 꿰는' 작업이라고 할 수 있다.

바로 보기가 뭐 그리 어려울까 하고 생각하겠지만 그리 쉽지만은 않다. 감성이 자주 이상한 식으로 장난을 걸어오기 때문이다. 몇 가지가 서로 뒤얽힌 채 몰려들어 혼란스럽게 만드는가 하면 눈 깜짝할 새 둔갑한다든지 전혀 다른 감성의 탈로 갈아 쓰면서 말이다.

심리 치료사 베르트 헤링어(Bert Hellinger)는 《바로 보기란 무엇인가?》라는 책에서 "미움은 사랑의 이면이다. 사랑이 좌절되고 상처를 입었을 때 미움이 생겨난다.", "분노는 고통의 다른 표현으로 봐도 좋다."고 했다.

마음처럼 적절할 때 현상을 있는 그대로 직시할 수만 있다면 얼마나 좋을까. 하지만 무언가에 쉬 현혹되고 미혹에 빠지는 게 인간인지라 그 모든 주의와 집중도 때때로 수포로 돌아가는 경우가 허다하다. 어떤 감성이 끼여들어서 우리를 아주 간단히 바보로 만들어버릴 수 있다는 얘기다. 예기치 않은 순간 느닷없이 고개를 드는 감성은 특히 그렇다.

지난 봄, 나도 그런 경험을 한 적이 있다.

깊고 울창한 전나무 숲을 산책하다가 숲 가장자리에 닿았을 때였다. 눈부신 햇살이 한꺼번에 쏟아지면서 드넓고 초록이 가득한 들판이 내 앞에 펼쳐지는 게 아닌가. 나는 순간 아득한 곳에서 떨어지는 그림 같은 계곡과 바로 눈앞의 초록 들판이 연출해내는 낭만적인 대조에 압도되었다. 들판은 막 거름주기가 끝난 뒤라 도시인의 코를 가진 내게는 역겨운 거름냄새가 나야 마땅했다.

그런데 전혀 다른 뭔가가 날 움직였다. 나는 그 자리에 붙박힌 듯 서서 가히 게걸스럽게 그 공기를, 톡 쏘게 구리는 암모니아 냄새를 들이마시고 있었다. 그 때 날 엄습했던 느낌은 아직도 생생하다. 그건 메스꺼움이 아니라 아련하고도 슬프고, 동시에

62

아름다움이었다. 먼 과거를 향한 막연한 그리움이 우수와 사랑과 뒤범벅된 그런 거였다.

잠시 후, 나의 뇌가 다시 작동하기 시작했을 때 비로소 난 그 감정의 정체를 알 수 있었다. 그건 바로 수십 년 전 내 어린 시절에 대한 추억이었다.

나는 이미 오래 전에 돌아가신 할머니와 함께 어느 숲 속 가장자리에 놓인 벤치에 나란히 앉아 있었다. 데이지와 샤프란 꽃을 따 모아 그걸로 꽃 팔찌며 목걸이를 엮으려 했다. 햇살은 따스했다. 꽤 이른 아침이었는데도…. 아마 방학 첫날이었을 게다. 학교에서 받아온 성적은 괜찮았고 부모님도 좋아하셨다. 함께 둘러앉은 아침 식탁. 세상은 온통 평화로 그득했다. 삶이란 어쩌면 아름다운 것일지도 모르겠다. 그리고 들판에는 금방 뿌린 거름 냄새가 났다! 상황에 '걸맞지 않은' 엉뚱한 느낌도 때로는 이처럼 아름다운 선물이 된다.

달콤한 흥분과 이유 없는 행복

感정은 곧잘 무리 지어 오는 걸 좋아한다. 한데 뒤엉키는 것도 즐긴다. 그렇다고 꼭 설상가상만을 떠올릴 일은 아니다. 그 반대일 경우도 많다.

웃음과 울음을 생각해보라. 정말 유쾌하게 한바탕 웃고 났을 때 눈에 눈물이 가득 고이다니 신기하지 않은가! 다소 피곤할 때나 성적으로 흥분될 때도 우리는 각기 다른 여러 감정들이 범벅이 되는 것을 경험한다. 자기 개발 프로그램이나 센서빌리티 훈련을 하다 보면 이런 체험담을 빈번히 듣게 된다.

베르트 헬링어는 이걸 가리켜 '감정의 실금'이라는 재미있는 이름을 붙였다. 이런 설명은 그를 찾아온 정서 분열 환자들을 한바탕 웃게 만들었다.

또 나의 친한 친구 디터는 열렬한 축구 팬인데 라디오의 축구경기 중계가 끝날 때마다 눈에 눈물이 그렁해진다. '자기 편'

이 이기든 지든 마찬가지였다.

감정의 밀물은 우리를 놀랍고 즐겁고 심지어는 행복하게도 한다. 불과 몇 초 남짓한 순간이 지나고 어느 정도 진정을 되찾았을 때 우리는 이 순간을 '어쩐지 행복했던 순간!'이라고 표현한다(물론 주위 사람들은 약간 애매한 미소를 짓겠지만).

어떤 여기자가 말하는 것을 들어보자. "파리의 어느 호텔에서였어요. 혼자 식당에 앉아 있는데 느닷없이 어마어마한 격정이 몰려왔어요. 그런 경험은 대개 혼자 있을 때만 생기죠. 만일 그 때 누가 옆에 있었다면 그런 달콤한 흥분 상태에 빠져들지 못했을 거예요. 쑥스럽고 창피했겠죠. 갑자기 제가 이상해졌다고 생각할 테니까요.

어쨌든 그 날은 하루종일 많은 일을 훌륭하게 해치운 날이어서 자축하는 의미로 맛있고 푸짐한 식사를 음미하고 있었어요. 그런데 바로 그 때 감정의 격랑이 밀려온 겁니다. 아마도 모든 일이 잘 풀리고 너무 흡족해서 마음이 활짝 열려 있었나 봐요.

한 마디 대화도 없이 우적우적 먹기만 하는 맞은 편 테이블의 중년 부부가 갑자기 측은해지더군요. 그러다가 너무 꼭 끼는 스웨터를 입은 뚱뚱한 여자를 보니 화가 나대요. 그리고 아버지처럼 친절하고 조심성 있는 웨이터가 고마워졌어요. 그 날 성공적으로 끝낸 인터뷰도 자랑스러웠고요. 그러다 문득 이유를 알 수 없는 향수가 느껴졌어요. 옆자리에 앉아 있던 부인의 반짝이는 핸드백을 보자, 몇 년 전에 아카폴코에서 보았던 비슷한 액세서리가 생각났던 거죠.

감정의 달콤한 칵테일이라고나 할까요. 약간 몽롱한, 그러면서도 기분 좋고 고조된 상태에서 계산서를 받자, 비로소 감정의 격랑에서 헤어날 수 있었죠."

공포 영화와 번지점프의 쾌감

전혀 다른 두 가지 감정이 만나 또 다른 제3의 감정을 만들어내기도 한다. 애증이 그런 경우인데, 설명할 수 없는 '쾌감' 역시 그렇다. 또 공포감만 안겨주어 하등의 득 될 것 없어 보이는 공포 영화를 즐기는 사람들의 심리도 그와 비슷하다. 또 있다. '저런 걸 돈 주고 왜 해?' 하면서도 누구나 한 번쯤 충동을 느끼게 되는 번지점프.

이 모두 상반된 감정의 도가니가 강하게 우리를 끌어당기는 까닭이다. 공포 영화를 보거나 번지점프를 하는 동안 우리 안에서는 극도의 카타르시스와 공포감, 소름 끼침, 온몸이 마비될 것 같은 두려움과 스멀거림 같은 감정들이 한꺼번에 격렬하게 뒤범벅이 된다. 그래서 청룡 열차에 몸을 맡긴 사람들의 입에서 터져 나오는 '으악' 소리는 비명인 동시에 환호성일 수 있다. 어린 아이를 무릎 위에 앉혀놓고 뒤로 몸을 확 젖히면 아이는 자지러지는데 이것도 공포를 즐기는 쾌감이다.

감정의 경로는 이처럼 단순하지 않다. 즉흥적으로 돌출하는 감정조차도 인지와 감흥과 사고라는 복잡한 과정을 거친다. 심한 충동에도 한편에는 늘 이성이 관여하고 있으며 정신과 이성이 서로 상호작용을 벌여 이것이 다시금 반응과 행동으로 이어진다.

물론 어떤 감정이 더 근본적인 감정인가에 대해서는 의견이 분분하다. 그럼에도 다수의 학자들이 다음 여덟 가지 감정이 일차적 감정이라는 데 의견을 모았다. 즉 분노, 슬픔, 불안, 기쁨, 사랑, 놀라움, 역겨움, 수치심 등이다. 그리고 이 감정들의 혼합 형태 중간 형태, 합성 형태와 변형 형태의 숫자는 이루 헤아릴 수 없이 많다.

감정의 혼합이 주는 선물

여기서 난, 내 자신의 감성과 빈번하게 짓궂은 장난을 걸어오는 감성에 대해서 이야기해 볼까 한다. 이 장을 쓰는 도중 나는 한적한 시골의 한 호텔에 며칠 묵고 있었다. 그 동안의 내 일기장을 공개하면 이렇다.

수요일 : 슬퍼하는 날

목요일 : 불안감! '이 장을 내가 의도했던 대로 써낼 수 있을까?'

토요일 : 넌더리난다. '왜 나는 여기 혼자 있는 걸까? 눈길 가는 곳마다 연인들뿐인데!'

금요일 : 질투! '지금쯤 분명히 친구들은 요트를 타거나 테니스를 치고 있겠지. 아니면 유유자적 모차르트의 콘체르트를 듣거나 함께 웃고 떠들고, 어쩌면 사랑을 나누고 있을 거야!'

그 짧은 기간 동안에도 나는 온갖 감정에 시달렸다. 하지만 동시에 대처방안도 나왔다.

"일찍 잠자리에 드는 게 좋다우." 옆 테이블에 앉아 있던 중년 부인이 타이르듯 말했다.

"무슨 말씀! 이럴 땐 잠자리에 늦게 드는 게 상책인 걸요!" 반텐더가 두 번째 보드카를 따라주면서 말했다.

그리고 친한 친구는 전화통에 대고 "며칠 다 잊고 푹 쉬도록 해!"라고 충고했지만, 나는 스스로에게 "맘을 다잡고 이대로 몰아붙이는 거야!" 하며 다그치고 있었다.

그런데 막상 내 감정을 확 바꿔놓은 것은 전혀 예기치 못한 것이었다. 이른 새벽 산책하고 있을 때였다. 간밤에 내린 비 때문에 나무 사이사이로 희뿌연 연무가 피어오르는데, 그 때 불현듯 날 엄습하는 감정이 있었다. 그건 바로 자신감이었다. 무어라 형용하기 어려운, 감정의 혼합이 나에게 활력과 자신감과 새로운 열정을 불어넣어 주었다. 나는 호텔까지 한달음에 뛰어 왔다.

때로 감성은 우리들을 약올리고 휘두르고, 또 의기소침하게 만드는가 하면 달갑지 않은 곳에서 엉뚱하게 튀어나온다. 이런 감성에 분노한다거나 오랫동안 연연해하는 등 예측불허로 튀어나오는 감정에 관대하지 못하고 허물없는 친구처럼 대하지 못하는 사람은 오랫동안 자기 안에 숨어 있는 비밀스런 감성을 깨달기 어렵다.

　모든 감정은 어떻게 해서든지 자신을 드러내려고 한다. 그
중에서도 일차적 감정의 메시지는 아주 분명하고 확실하다. 예
를 들어 불안이라는 감정은 살아남기 위해서 꼭 필요하고, 메스
꺼움은 무서운 식중독을 미연에 방지해준다. 사랑은 생기와 희
망을 주고 새 생명을 잉태시킨다. 분노는 힘을 솟게 한다. 그밖
에 이도 저도 아닌 중간 감정과 몇 가지가 뒤섞인 감정이나 수시
로 변하는 변덕은 좀 더 그 요소를 치밀하게 분석할 필요가 있
다.

감성과 이성의 줄다리기

우리가 감성을 스스로 인식하고 구별할 줄 알며, 또 어떤 느낌이 순수 이성보다 훨씬 막강한 힘을 발휘하는가를 알 수 있다면 얼마나 좋을까.

몇 년 전 산악인 라인홀트 메스너(Reinhold Messner)는 동생과 함께 히말라야 등반에 나섰다. 그런데 도중에 동생이 치명적인 사고를 당했다. 그는 그 때의 감정을 이렇게 적었다.

"분명 동생이 실종됐음에도 불구하고 마치 동생이 살아서 여전히 내 뒤를 쫓아오고 있다는 느낌이 들었습니다. 하지만 이성은 내게 말했지요. '그 애는 죽었어. 눈사태에 파묻혔잖아.'

그러니까 메스너는 극한 상황 중에도 이성과 감성을 구별할 줄 안 것이다. 이성은 그에게 모두 허사라고 외쳤지만, 그는 몇 시간 동안 미친 듯이 동생을 찾아 헤맸다. 그리고 마침내 부상을 입은 채 눈 속에서 사경을 헤매고 있는 동생을 찾아내고야 말았

다. 더 정확한 지식에 역행하는 그의 느낌은 이성보다 더 큰 위
력을 발휘한 것이다.

솔직하면 자유로워진다

자신의 감성을 바로 파악하고 의식적으로 자기 감성에 솔직해지다 보면 다시금 그 감성에서 자유로워지는 경우도 있다. 그뿐이 아니다. 어떤 때는 의식적으로 자신의 감성을 파악하려는 노력, 그 자체만으로도 벌써 상당한 치료 효과를 보기도 한다. 다음 두 가지 예에서처럼 말이다.

언젠가 장거리 기차 여행이 끝나갈 무렵이었는데, 점점 짜증이 나고 답답하고 몸이 뒤틀렸다. 나는 자신에게 말했다. '잠시 초조함이 찾아온 거야. 그 이상은 아무 것도 아냐.'

그러자 마음이 한결 느긋해졌고 여행은 다시 견딜 만했다.

척추 신경 마비로 응급실을 실려온 여자 환자가 말했다.

"간호사 두 사람이 나를 진찰대 위에 올려놓자 그 유명하다는 정형외과 교수님이 들어왔어요. 그 때 번뜩 이런 생각이 들더군요. '이젠 살았구나! 난 안전해!'라고 말예요. 그리고 뒤이어

이런 느낌도 들었어요. '나를 맡기자', '괜찮을 거야', '믿을 만해', 뭐 이런 거였어요. 나는 이런 느낌들을 감사하는 마음으로 아주 적극적으로 받아들였지요.

의사가 내 다리를 천천히 그리고 조심스럽게 이리저리 움직여보더군요. 그런데 어이없게도 조금 전까지 마비되어 꿈쩍 않던 다리가 언제 그랬냐는 듯 움직이고 있지 뭐예요. 기가 막히더군요. 치료도 하기 전에 나은 거예요. 갑자기 몸둘 바를 모르겠더라구요.

그러자 경험 많은 그 의사 선생님이 인자하게 웃으며 말하더군요. '흔히 있는 일입니다. 이건 기적이 아니라 당신의 마음가짐이 힘을 발휘한 겁니다. 저를 믿자 긴장이 풀려서 신경도 다시 정상으로 돌아온 겁니다'라구요."

숨어 있는 감성을 찾아라

뒤섞인 감성, 숨겨진 감성, 상황에 부합하지 않는 감성들도 재밌다.

스위스의 유명한 극작가 막스 프리쉬(Max Frisch)는 질투란 감정에 대해서 일기장에 이렇게 적어 놓았다.

"질투심은 단지 슬픈 감정에서 끝나지 않는다. 수치심이 생기고, 뻔뻔스럽고 무모해지는 분노와 열등감, 그에 대한 불안감까지 생긴다."

한때 지독한 질투심에 사로잡혔던 프리쉬는 이 한 문장에서만 벌써 다섯 가지 감정이 뒤섞였음을 언급하고 있다. 공식은 아니지만 이 다섯 가지 모든 감정들 하나하나가 '질투'라는 감정과 결합할 수 있다는 뜻이다.

독일의 문호 토머스 만은 《주인과 개》라는 작품에서 감정의 대립을 묘사하면서 스스로 놀란다. 어느 날 토머스 만은 애지중지하면서도 가끔은 신경을 긁어놓는 바우샨이라는 개를 며칠 간 동물 병원에 맡기게 되었다. 그리고 처음 며칠 간은 자유롭고 홀가분한 기분을 만끽했다. 그러나 며칠이 지나자 허전해지기 시작했다. (…) '비록 개에게 얽매이긴 했었지만 개와 함께 동고동락했을 때가 이기적인 자유를 얻었을 때보다 더 행복했었다는 사실'을 깨달은 것이다.

누구나 안아 주고 싶은 기분

자기의 감정 상태를 정확히 진단해보겠다는 의욕은 갖가지 모험이 기다리고 있는 탐험처럼 때로 조마조마하면서도 신나는 일이다. 사람들이 곧잘 자기 기분이나 느낌을 털어놓기를 좋아하는 것도 이 때문이 아닐까. '그럼 그 때 느낌이 어땠어요?' 하고 물었을 때, 봇물 터지듯 쏟아져 나오는 '고백'을 듣게 되는 일은 수없이 많다.

다른 사람의 감정을 이해하려 들기 전에 우선 나 자신의 감정을 놓치지 말고 그 의미를 새기도록 하자. 연습도 얼마든지 재미있게 할 수 있다. 가령 '지금 내 감정이 시기일까, 질투일까?', '분노일까, 두려움일까?', '수치심일까, 열등감일까?', '기쁨일까, 놀라움일까?', '쾌락일까, 사랑인가?'를 따져보는 것이다.

자기가 쳐놓은 감성의 덫에 더 이상 쉽게 빠지지 말자. 툭하면 방종하고 본성을 거스르는 감성을 휘어잡고 감성이 걸어오는 장난 끼를 간파하자.

그러다 보면 날마다 새롭게 조금씩 터득해 가는 게 있다.

예컨대 이런 표현이 가리키는 느낌은 무엇일까?

- *크리스마스와 같은 기분*
- *보는 사람마다 안아 주고 싶은 기분*
- *피가 얼어붙는 기분*
- *집에 돌아온 기분*

괴테는 말한다. "한 인간이 도달할 수 있는 최고의 경지는 바로 자기 자신을 아는 것이다. 나의 생각과 중심을 아는 것은 다른 사람의 정서를 감지하기 위한 진정한 시작이다."

다음 이야기 시작을 위해서 이보다 더 좋은 말도 없으리라.

다른 사람의 마음속으로 들어가기

다른 사람과 함께 공감하고 다른 사람에 대해서 관심을 갖는 재능은 굳이 '감정 이입'이라는 어려운 단어를 사용하지 않아도 여자들에게는 너무나 친숙한 것이다. 적어도 다른 사람의 마음을 헤아리는 일에 있어서 여자들은 모두 대가이기 때문에 오히려 감정 이입을 지나치게 잘해서 탈이지만….

하지만 이처럼 다른 사람의 감정 상태를 파악하고 상대방처럼 느끼고 행동할 때 주의해야 할 점과 화와 고통을 불러오는 상황을 알아두는 일은 누구에게나 유익할 것 같다.

원래 사람은 다른 사람에 관한 한 아주 호기심이 많다. 다른 사람의 머리색, 직급, 예금잔고, 심지어는 남의 이불 속까지 모두 다 궁금해서 안달인 게 사람이다. 그런데 이상하게도 그들의 기분, 정서, 의향이 어떤지, 혹은 그들이 갖는 정서적 약점이나 혹은 강점, 발끈하는 성향이나 꿈꾸길 좋아하는 기질이 있는지의 여부에 관해서는 관심이 없다.

감정 이입은 독특한 대인 접근 방법 가운데 하나이다. 친구나 적, 직장 상사나 고객, 또는 이웃에 접근하는 데 가장 쉬운지름길이기도 하다. 단순히 호기심을 채우는 데 그치지 않고 사람을 이해하려고 노력하는 사람의 감성 지수는 두드러지게 높을뿐만 아니라–과장된 표현이지만–인생의 의미를 한 수 더 터득했다고까지 말할 수 있다. 대개 이런 사람은 '느낌을 느끼기 위한느낌'을 발달시켜 다른 사람과 이야기를 나눌 때 적절한 말을 사용할 줄 안다. 언제 나서야 할지 언제 삼가야 할지를 알기 때문에 대인관계도 원만하다.

스펀지 같은 감정의 흡수, 이것은 비단 유능한 심리 분석가나 노련한 토크쇼 진행자, 카리스마로 똘똘 뭉친 매니저, 혹은타고 난 끼를 가진 사람들만의 전유물은 아니다. 누구나 가능한일이다. 약간의 훈련만 한다면.

여자가 남자보다 감정적 · 신체적 분위기를 더 빨리, 그리고더 정확하게 감지할 수 있다고 한다. 무언의 대화를 느낌으로 이해하고, 보이지 않는 감정의 추파도 놓치지 않는 안테나가 여자들에게 있다. 그뿐인가. 분위기를 파악하고 다른 사람의 입장에재빨리 적응하는 본능도 지니고 있다. 남자들보다 육감이 발달하고 감성이 섬세하며 다른 사람들에게 인간적인 관심이 많은것도 이 때문이다.

여기엔 학술적인 근거도 충분하다. 여자의 인지 능력은 대뇌 피질 전체에 두루 퍼져 있어서 뇌의 좌우 반구 사이, 즉 이성과 감성의 사이를 남자보다 빨리 오락가락 할 수 있다고 한다. 상황을 보다 복합적으로 파악하고 반응할 수 있는 쓸모 있는 연장을 가졌다는 얘기다.

자기 자신의 감성과 다른 이들의 감성을 적절히 걸러서 받아들일 수 있는 투과성도 여기서 생겨난다. 물론 감성의 투과성이 워낙 얇고 민감해서 손상되기 쉽기 때문에 다른 사람들의 부정적이고 부도덕한 감성들을 받아들여서 상처받게 되는 일도 흔치 않게 일어난다.

그렇다면 감정 이입에 능한 사람들은 실제 생활에서 어떤 득을 볼까? 대답은 아주 간단하다. 그런 사람들은 우선 다른 사람들에게 공감을 얻고 쉽게 자기편으로 만든다. 이건 불변의 이치다. 상대방의 기분과 감정을 헤아리고 공유하는 그런 사람들이 사교적인 데다 인간미 있고 마음이 따스할 거라고 여겨지는 건 당연하다.

독일 아이들이 요람 속에서부터 듣고 자라는 동요 중에 〈바보 한스〉라는 독일 구전 동요가 있다. 어린 나이지만 감정 이입 능력이 탁월한 한스라는 어린 꼬마 소년의 얘기다.

"어린 한스, 혼자서 드넓은 세상으로 나갔어요. (…) 엄마는 슬피 울었지요. 한스가 그리워서요. 한스는 곰곰이 생각했지요.

그리고 바삐 집으로 돌아갔어요." 참된 마음으로 어머니의 마음 속으로 들어가 본 한스. 한스는 그 속에서 느끼고 생각한 대로 했다.

느낌을 읽는 사람

감정 이입에 능한 사람의 표정에서는 상대방의 느낌을 그 대로 읽을 수 있다. 자지러질 듯 우는 아이를 달래는 어머니의 표정이 덤덤할 수 없고, 행복한 신부를 바라보는 하객의 표정이 문상객의 표정과 다를 것임은 너무도 당연한 일 아닌가? 능란한 토크쇼 진행자의 표정도 그렇다. 그의 표정만 보고 있어도 웬만한 사람은 그 토크쇼의 내용을 꿰어 맞출 수 있을 정도다.

또 있다. 인형극을 관람하는 아이들. 주인 부부가 다투면 슬 그머니 꼬리를 감추는 개. 심지어 우는 아이에게 다가가 부드럽게 털을 비벼 대는 고양이조차 고도의 수법으로 자기의 감정을 전달하는 것을 보면 인간에게만 부여된 특권은 아닌 듯 싶다.

몸값이 꽤나 비싸기로 소문난 알프레드 비올레크(Alfred Biolek)라는 토크쇼 진행자가 있다. 그를 유심히 관찰한 심리학자 게르트 젬러(Gert Semler)는 그의 비법을 이렇게 얘기했다.

"(…) 비올레크는 출연자로 나온 사람들이 거의 개인적인 친밀감과 신뢰감까지 느낄 수 있도록 편안한 분위기를 연출합니다. (…) 은연중에 상대방이 취한 자세와 비슷한 자세를 취하고 심지어는 억양과 말하는 속도까지 상대방에게 맞추는 치밀함이 있지요. 그리고 그의 표정은 출연자의 심정에 따라 수시로 변합니다."

행동 연구가들은 이런 무의식적 '태도의 반향'은 젊은 연인들이나 절친한 친구 사이, 금실 좋은 부부 사이에서 흔히 발견할 수 있다고 말한다. 난간을 잡고 밑을 내려다보는 각도가 똑같고, 똑같은 찰나에 술잔에 손이 가고, 지팡이에 몸을 의지하거나 벽에 기대서는 각도가 똑같고, 똑같은 순간에 서로에게 다가 앉는 등의 행동은 별 것 아닌 것 같지만 중요한 핵심을 내포하고 있다. 감정 이입이라는 게 몸으로 드러난다는 것이다.

하지만 이런 경우는 다르다.

— 등산을 간다고 나가 늦게까지 집에 연락하지 않는 사람. 집에 있는 사람의 걱정을 알 리 없고, 상상력도 없다.
— 종종걸음 치며 바쁘게 움직이고 있는 식당 여 종업원에게 샐러드 소스 재료를 알려 달라며 물고늘어지는 사람. 섬세한 감정과는 거리가 멀다.
— 애지중지하던 강아지가 죽어서 슬퍼하는 여자에게 "그렇게 슬퍼할게 뭐 있지? 강아지가 뭐라고!" 하면서 엉뚱한 위로를 하고 있는 사

람이 연민을 알 리 없다.

사람을 이해하기 위해서는 우선 기본적으로 풍부한 상상력과 섬세함과 연민이 있어야 한다. 그리고 다른 사람들의 감정을 조용히, 그리고 아주 예민하게 살피되 그게 옳으니 그르니 함부로 평가하려 해서는 안 된다. 그걸 재보고 달아보고 칭찬하고 흠을 잡기 시작하면 우리들의 객관적인 주의력은 이내 흐트러지고 말기 때문이다.

"그런 일로 상심하다니, 어리석어."

"아니, 뭐 대단한 거라고 저렇게 길길이 날뛰지?"

"어쩜 저 여자는 뭐 그렇게 겁이 많담!"

감정 이입을 순식간에 둔화시켜버리는 문장들이다. 옆 사람이 어떻게 느낀다고 해서 당장에 그와 똑같이 느끼라는 법은 없으며 또 그럴 필요도 없다. 우린 그저 그런 그들의 마음을 있는 그대로 인정해주면 된다. 그게 무엇이든 간에 바로 이 순간 그 사람의 마음에 찾아든 감정을 이해해야 한다. 이해한다는 것은 동조한다는 것과는 다르다.

그런데 어째서―상대방의 감정에 예의 주시하되―서로에게 좋을 감정 이입에 신중하라는 것인가? 그건 우리가 상대방에서 먼저 마음을 열고 난 다음에야 비로소 가능하기 때문이다.

그렇다고 상대를 빤히 쳐다보고 일일이 뒤를 밟고 다니라는 뜻은 더더욱 아니다. 은근 슬쩍 훔쳐보거나 말려 들어가서도 안

된다. 무엇보다 중요한 것은 상대방에게 '공감을 얻고 있다'는 느낌을 심어주는 것이다. 상대의 감정으로 이어지는 다리가 반드시 내 감정 위에 놓여지지 않으면 안 된다. 그래야 같은 생각, 같은 취향, 닮은 견해 혹은 지능 같은 것들을 능가하는, 더 견고한 연결 고리가 생겨난다.

감성에 채널을 달자

대개의 남자들이 다른 사람의 부정적인 감성을 여유 있
게 차단시키거나 묵묵히 방어하거나 아예 교활하게 역이용하는
반면, 여자들은 과거나 지금이나 다른 사람들의 감성 앞에서는
여전히 무방비 상태다. 그들의 감성을 적절히 여과하고 가려내
지 못한다. 그리고는 그것을 곧잘 자기의 감성과 결부시킨다.
그럼에도 내가 여자들의 감정 이입 능력 개발을 운운하는 이유
는 이렇다.

내가 말하고 싶은 것은 감정 이입 능력을 키우자는 게 아니
라 채널을 달아놓자는 것이다!

긍정적이든 부정적이든 여자가 느끼는 감성의 강도는 남자
보다 강하다. 그렇기 때문에 언제 부딪칠지 모를 갖가지 타인들
의 감성에 대해서 어떻게 반응해야 할지 단단히 익혀둘 필요가
있다. 풍부한 정서 생활을 누릴 수 있는 특혜만큼이나 좀더 그것

을 조심스럽게 다뤄야 할 의무와 노력이 뒤따라야 한다는 얘기다. 그렇지 않으면 점점 예민해지는 감수성 때문에 여자들은 계속해서 휘둘리고, 상처받고, 기만당하고, 착취되고, 이용과 억압을 당하고, 감정적 폭력을 당할 운명에서 벗어나지 못할 것이다. 그 대상은 남자가 될 수도 있고, 같은 여자, 자녀, 온갖 상황과 삶의 기복일 수도 있다.

게다가 우리가 사는 세상에서는 나약하고 예민한 것은 금새 탄로가 나는 속성이 있어 교활한 사람들의 표적이 된다. '화가 난 척' 높은 언성으로 권위를 과시함으로써 부하 직원을 위축시키고 죄책감을 자극하는 당신의 상사를 생각해 보라. 여자들이 약간의 빈틈만 보이면 기다렸다는 듯 여자들에게 강한 회의감과 열등감, 불안감을 유발시키는 일 정도는 시간 문제일 뿐이다.

지구의 반인 남자, 굳이 그들을 향해 적대감과 경계심으로 도사려서야 되겠느냐 반문하는 평화주의자들도 있겠지만 우리는 먼저 우리 스스로를 보호해야 할 책임이 있다. 생각해 보라. 데이트하면서 그가 즐거워하지 않을 때는 나 때문에 그 날 저녁을 망친 게 아닌가 싶어 미안해 한 적이 없는가? 편두통을 하소연하는 엄마 때문에 직장에서도 일이 손에 잘 안 잡힌 적은? 무슨 연유인지 모르지만 저녁 먹으러 들어간 식당의 여 종업원이 툴툴거린다거나 옆자리에 앉은 동료가 의기소침해 있으면 괜히 움츠러든 적은 없는가? 분위기가 무료해지든가 반대로 험악해져도 우리는 너무 빨리 나를 탓하고 그들에 대한 내 관심도를 점검해보는 등 책임을 떠맡기에 바쁘다. 이런 것들, 이제는 그만 하자!

그렇다면, 어떻게?

의식적으로 노력하는 수밖에 없다. 고함치는 사장, 골이 난 여자 친구, 지루해서 몸을 비틀어대는 남자 친구, 길길이 뛰는 옆자리 동료의 '감성'에 그대로 압도당하지 않도록 노력하자! 이런 감성의 홍수와 물결이 밀려올 때는 수면 위에 머리를 내밀자. 그리고 기다리자.

원래 감성이란 무서운 전염성이 있다. 명중률 높은 무기로도 딱 적당하다. 특히 여자들에게는 이렇게 말이다.

- 다른 사람이 화를 내면 나도 따라 화가 난다.
- 다른 사람이 화를 내면 불안해진다.
- 애인이 기분 나쁘면 내가 몸둘 바를 모르겠다.
- 말투가 거슬리는 사람을 만나기가 꺼려진다.

이럴 때는 스스로를 무장해야 한다. 여기엔 먼저 그들의 감성이 무얼 뜻하는가 생각해 보고, 그 감정의 정직성을 의심해 보아야 한다. 만일 그것이 압력의 수단이라면 경우에 따라서 그 가면을 벗겨야 한다. 진실하지 않다면 비로소 거리유지가 가능하기 때문이다.

여자가 남자보다 잘 속는 이유

때로 여자들은 사물을 건성으로 보거나, 혹은 왜곡되게 보기도 하고, 아예 간과하기도 한다. 사랑에 있어서는 특히 그렇다. 사람들은 흔히 사랑에 눈이 멀었다느니, 눈꺼풀에 콩깍지가 끼었다느니 하는 표현을 사용한다. 사물을 있는 그대로 보지 못하고, 진실을 알리는 감정의 신호를 식별하지 못한다는 뜻이다.

남성의 경우는 좀 다르다. 남자는 섹스와 관련된 문제에서 특히 맹점을 보인다.

아주 재미있는 실험이 있다. 심리학자들이 매력 있고 예쁜 여대생을 홀로 술집에 앉혀 놓았다. 그리고 여대생에게 주위 남자들을 차례로 둘러보며 짧게 시선을 준 뒤 따분하다는 표정을 지은 후, 다시 시선을 거둬들이라고 했다. 나중에 그 장면이 찍힌 비디오를 남학생들에게 보여주고 조사한 결과는 한층 더 재미있었다. 응답한 남학생의 44퍼센트가 그 여대생이 '선정적'이고 '남자에 굶주려 있었다'고 답했다. 여대생의 거부하는 태도는 읽지 못한 것이다.

반면 여자들은 감정에 관한 식별에 약하다. 또 이것이 감정 이입 시에 여자들이 저지르는 유일한 '약점'이기도 하다.

여자가 표정을 통해 알아내는 정보는 남자보다 훨씬 정확하게 입수하지만 거짓말을 알아채는 데 있어서는 거의 대책이 없다. 많은 심리 테스트에서도 여자들은 온갖 소리나 제스처 뒤에 감춰진 감정들을 대단히 정확하게 짚어냈다. 그럼에도 불구하고 단 한 가지, 속임수인지 아닌지를 가리는 테스트에서만큼은 예외였다. 서로 모순되는 정보들과 꿍꿍이로 번득이는 눈빛, 가식적인 목소리와 위선적으로 내보이는 정직을 포착하지 못했다.

그러자 미국 학자 로버트 로젠탈(Robert Rosenthal)과 벨라 데파울로(Bella DePaulo)는 매우 과감하고도 흥미진진한 명제를 내세웠다. 즉 "거짓말을 깨닫지 못하는 것은 결함이 아니다. 오히려 사회성 지수가 매우 유별나다는 증거다!"

흠집과 마찰 없이 인간 관계를 영위하기 위해서 여자들은 사소한 거짓말은 그냥 지나쳐버린다는 것이다. 다시 말해 여자만의 현명함으로 비정직성 같은 것은 어느 정도 방관함으로써 사회생활을 한층 쉽게 한다는 뜻이다. 이런 관점에서 본다면 여자들의 약점은 차라리 감성 지수가 주는 사회적 강점이 되고 만다.

카리스마의 비밀

최근 발표된 학술 연구 결과들을 보면 직장에서 감성을 어떻게 취급하고 있으며, 감성 능력에 대한 인식이 어떻게 바뀌었는가를 쉽게 알 수 있다.

예를 들어 함부르크 대학 경제학과 교수 소냐 비쇼프(Sonja Bischof)는 지도층이 되고 싶다면 우선 다른 사람의 말을 경청하고 그 사람의 입장이 되어 감정을 이입시킬 줄 아는 '커뮤니케이션 능력'을 키울 것을 주문한다. 또 연륜 있는 기업 컨설턴트들은 중견 경영인의 중요한 자격 요건으로 '카리스마'를 우선으로 꼽았다. 여기서 말하는 카리스마를 가진 성격에 포함되는 몇 가지 중요한 특성은 대략 이렇다.

- 주변을 늘 감수성 어린 시선으로 대한다.
- 부하 직원들 한 사람 한 사람이 갖고 있는 능력과 그들의 욕구를 파

악할 줄 아는 감각이 있다.
— 인품으로 존경과 신뢰와 친근감을 불러일으킨다.

이런 점에서 한때 세계적인 판토마임이스트였고, 현재는 직장인들에게 인기 있는 강사인 새미 몰초(Samy Molcho)도 크게 다르지 않다. 그가 개설한 보디 랭귀지(body language) 코스에서 그는 무엇보다도 직장 생활에서 필요한 감정 이입법을 가르친다. '대화를 나누는 상대방이 보내는 무언의 메시지를 캐내는 법'이라든가 '협상 상대가 언제 계약서에 사인을 할 것인지 알아내는 법'이라는 제목만 봐도 재미있지 않은가?

감정 이입에 능한 사람들의 직장 생활은 능동적이다. 다른 사람들의 감성에 압도당하거나 휘둘리지 않고 되려 그것을 이용한다. 또 봉급 인상을 요구할 절호의 시기를 알아챈다. 그 회의의 주된 논리가 무엇인지를 재빠르게 간파하고 참석자들이 몸을 사리고 있는지 아니면 마음을 활짝 열어놓고 있는지 직감으로 안다. 고객이 '걸려들었는지' 아니면 뭔가 더 설득이 필요한지 혹은 차라리 입을 다물고 있는 게 '더 효과적'인지 느낀다.

한 기업 컨설턴트는 말하기를, "의견을 완강히 관철시키기, 깨끗이 양보하기, 정수를 찌르는 질문하거나 봐주기, 적절한 제스처 취하기, 마침 상대가 바라는 미소를 지어 보이기⋯. 이런 것들이 바로 감정 이입을 아는 직장인의 모습"이라고 한다.

이런 능력을 가진 사람에겐 직장에서 떠도는 입방아도 두렵지 않고, 어떤 일이라도 책임질 줄 알며, 부당한 처우에 당당히 맞서고, 동료들과의 관계도 좋아질 것이다. 고속 승진도 더 이상 남 얘기가 아니다. 또 다른 사람들의 기분-심지어는 변덕까지도-에 원만하게 대처할 줄 아는 사람에겐 지도자의 자질이 있다고 볼 수 있다.

오로지 합리적이기만 한 사고 방식은 이제 직장 생활에서 설 자리를 잃었다. 베를린의 심리학자 위르겐 헤세(J rgen Hesse)는 모든 생각은 그것 때문에 유발된 행동을 보고 평가할 수밖에 없다고까지 했다. 그리고 이 행동에는 동기가 필요한데, 바로 그 동기 유발이 이성보다는 감성의 지배를 강하게 받는다는 것이다.

직장 여성들이 느끼는 자신의 가치와 영향력에 대한 생각을 접할 때면 참 답답할 때가 많다. 다른 사람들의 느낌에 민감하기 때문에 가질 수 있는 탁월한 '자기 암시의 힘'이 있으면서도 그걸 그대로 묵히기 때문이다. 자신을 과소평가 하기 때문에 탓에 그 어마어마한 잠재력을 허비하는 것이다.

국제적 명성을 얻은 강사인 여 교수는 이렇게 고백했다. "대학에 입학해서 처음으로 리포트를 발표하러 교단에 섰을 때였어요. 짜릿하고 묘한 어떤 느낌이 들었습니다. 앞에 앉아 있는 학생들에게 어떤 영향력을 행사할 수 있는 '힘의 맛'을 본 것 같았습니다. 내 말소리의 리듬을 타고 학생들이 같이 호흡하는 게 느껴졌고, 그걸 이용하게 되더군요 나중엔 말하면서 느낌까지 섞었더니 확실히 효과가 있었습니다. 말과 느낌이 서로 상승작용을 했습니다. 분위기는 고조됐고, 나는 친구들의 무료함과 웃음, 긴장과 이완, 반발감과 분노, 놀라움과 실망 같은 것들을 직접 몸으로 느끼고 조종할 수 있게 되었습니다. 그 때의 쾌감은 정말 기막히게 좋았습니다."

그러자 옆에 있던 그녀의 친구가 감탄과 부러움이 섞인 목소리로 끼어들었다.

"이 친구는 그 때 벌써 사람을 열광시키는 법을 알고 있었던 것 같아요. 그러더니 매력의 화신이 되더군요."

감정 이입이 뛰어난 사람의 매력과 그것이 우리에게 주는 마력은 얼마든지 배울 수 있다. 그것은 집중에서 비롯된다. 다른 사람의 말 속에 담긴 의중이나 대수롭지 않은 듯한 몸짓이나 손놀림, 동공의 확대와 수축, 표정과 자세의 변화, 호흡 상태 등, 이 모든 것이 눈으로 보고 들을 수 있는 신호들이다.

눈을 크게 뜨자, 늘 귀를 열어놓자.

세상이 한층 흥미진진해진다.

제3장
감성으로 승부하는 다섯 가지 방법

부끄러워할 감성은 없다

마음속에 어떤 감성이 생겼을 때, 이제는 더 이상 자기를 질책이거나 비난하지 말자! 양심의 가책을 느낄 필요도 없다. 스스로 당당하게 말하자. "세상에 부끄러워해야 할 감성이란 없다!"고.

감성이 생길 때는 다 나름대로의 이유가 있다. 하나의 작은 감성의 뿌리를 파헤쳐 보면 과거의 경험과 기억, 본능, 교육과 학습, 주변의 영향, 근원적인 욕구와 뇌의 구조라는 잔뿌리들이 줄줄이 딸려 나온다. 그리고 뇌는 이런 감정 분출에 최선의 자기 몫을 한다. 세계의 신경 생물학자들은 이러한 복합적인 상호작용의 수수께끼를 풀려는 노력을 거듭하고 있다.

감성은 우리가 살아 숨쉬고, 인간답게 살도록 해주는 존재 수단이자 생존 장치이다. 그것도 아주 중요한. 다른 어떤 신체 기관보다도 주변 환경과 개인 사이를 아주 개별적인 정보로 연결해주기 때문이다. 감성은 다른 사람을 바라보는 법, 상황을 파악하는 법, 문제 해결법 등을 가르쳐준다. 그 목적은 오로지 나의 존재와 행복을 위한 것이다. 그런 감성을 부인하고 조롱하고 후회하고 억제하고 평가 절하하고 부끄럽게 생각하면, 그건 어떤 경우를 막론하고 배은망덕한 짓이다.

"그럼, 증오심과 슬픔 같은 감정에게까지도 감사하란 말예요?" 얼마 전, 갓 21살짜리 여대생에게 남편을 빼앗겼다는 40대 여자가 강변했다.

나는 감히 "그렇다."고 했다. 이유는 간단하다. 증오심과 슬픔 같은 감정들도 궁극적으로는 그녀에게 전달하려는 무엇이 있기 때문이다. 그녀는 자기가 느끼는 증오나 슬픔이 무엇을 뜻하는지 알아내고 한동안은 이용할 줄도 알아야 한다. 그런 다음 다시 마음속에 묻어 두어야 한다.

감성은 피하고 싶다고 해서 피해지는 건 아니다. 어차피 마주쳐야 할 거라면 순응하는 편이 좋다. 세상에 여름과 겨울이 있고 고양이, 월경, 풀잎과 바다가 있는 것을 우리가 그대로 인정하고 받아들이듯이. 감성도 있는 그대로 받아들이되 오히려 선물처럼 고맙게 받아주자.

이때 감성지수가 높은 여성이라면 절대 놓치지 않은 게 있다. 이 선물을 완전히 자기 것으로 만드는 것이다. 다시 말해 그걸 가꾸고 돌본다. 상황을 설정하고, 감성을 대하는 태도를 점검해 보는 작업도 좋다.

- 나는 어떻게 느끼고 어떤 식으로 분류하는가?
- 나는 그 감성을 스스로에게 어떻게 표현하고 다른 사람에게는 어떻
  게 표현하는가?
- 내게 유익하거나 해로운 감성을 구분하는 기준은?
- 나는 감성을 키우는 편인가, 억누르는 편인가?
- 나는 감성을 가르치려 하는가? 아니면 감성의 유희를 즐기거나 때
  로는 거꾸로 농락당하는 편인가?
- 나는 주로 어떤 식으로 감성에 기만당하는가?
  감성을 주관하는가, 아니면 휘둘리는가?
- 감성에 의존적이거나 예속되어 있지는 않은가?

만일 당신의 감성을 다루는 방법이 허점투성이라면 그건 감
성에 문제가 있는 게 아니라 그것을 통제하는 당신 스스로에게
책임이 있다. 그 때문에 당신 자신이나 다른 사람, 혹은 어떤 일
에 해를 끼친다면 죄책감을 가져도 좋다.

만일 너무 화가 나서 골동품 도자기를 애인 머리 뒷벽에 집
어던졌다면 그것도 후회해도 좋다.

또 만일 당신의 악다구니와 욕설을 나중에 녹음 테이프에서
듣게 되었을 때는 부끄러워해도 좋다.

만일 당신이 나태하고 소극적이라서 어떤 일을 소홀히 하는

동안, 별로 배운 것도 없지만 더 큰 자신감과 열의를 가졌기 때문에 당신의 상사가 된 여자 앞에서는 당신의 우유부단함을 저주해도 좋다.

　일반적으로 감성 지수가 높은 여자는 모든 감정에 다음의 네 가지를 섞는다. 그건 곧 이성(理性)과 자신감, 여유와 친절이다.

감성에 '이성'의 날개를 달아주자

훌륭한 화가가 되려면 타고난 재능 이외에 사소한 기술을 익혀야 하고, 유능한 디자이너가 되려면 감각 이외에 손끝의 굳은살도 필요하다. 아무런 장비 없이 용기만으로 등반은 불가능하고, 오지로 떠나는 봉사단의 주머니에 돈은 없고 숭고한 박애 정신만 있어도 헛일이다.

여자에게는 감성 이외에 이성도 필요하다.

"우린 뭐 생각도 없는 바본 줄 아나요?" 하고 대뜸 항변하는 이도 없지 않겠지만 내 말은 좀 더 진중하게 감성을 다루자는 얘기다. 가슴과 두뇌, 영혼과 이성, 감성과 합리성을 이상적인 배율로 하자는 말과도 같다. 감성에 날개를 달아주자는 얘기다. 이제 타고난 감성은 더 이상 방치해서도 허비해서도 안 된다.

바람직한 인간 관계와 최상의 처세술은 어느 정도의 불안감과 애정, 수치심과 기쁨 같은 감정을 보다 현명하게 다룰 때 얻어지는 법이다.

그렇다고 합리적인 이성이 가미된 감성이, 흔히 말하는 '약은 여자'들이 갖는 능수 능란한 술책이나 '여자의 무기'가 될 수 있다는 말은 결코 아니다. 연민과 경멸이 끈끈하게 뒤섞인 감정으로, 남편의 잘못을 눈감아주는 척하다가 등뒤에서 눈흘기는, 여자다움은 이제는 촌스러울 정도로 시대에 뒤떨어져 있다.

우리네 할머니들 세대까지만 해도 그 촌스러움을 덕목으로 여겼었다. 속으로는 비겁하게 상대를 업신여기면서도 스스로의 열등감 때문에 행동은 오히려 교활해지고 왜곡된 채 표현되었다. 그러나 그것은 과거 억압받는 여자들의 돌출구 이외에는 아무 것도 아니었다.

"남자들한테는 무조건 져 주거라. 그들이 옳다고 해주라고." 언젠가 완고한 할머니 한 분이 내게 이런 충고를 하신 적이 있었다. "그래야 그나마 네가 원하는 것을 얻을 수 있단다. 네 진짜 감정을 꼭 드러내 보일 필요까지는 없지 않겠니?" 납득이 가지 않았다. 져 주라니, 얼마나 치사한가. 그래서 쌓이는 내 감정까지도 왜곡될 것 같았다.

오로지 복수만이 생의 목표인 사람, 거짓 눈물과 거짓 오르가슴을 연기하는 사람도 이성이 가미된 감성과는 역시 거리가 멀다. 여기서의 이성이란 감성의 동반자를 말한다. 전후좌우를 재어보고, 내 처지에 적합지 않으면 그런 감성은 처음부터 억누르라는 게 아니다. 다시 말해 어떤 즉흥적·돌발적인 감성이 생길 때 그것을 즉흥적으로 억누르는 사람이 이성적이라는 말이 아니다. 그보다는 이 둘을 엮어서, 때로는 이성을 때로는 감성을 우위에 놓을 줄 아는 사람이 이성을 올바로 이해하는 사람이라 할 수 있다. 이성과 감성을 동반자적 관계로 생각하고 적절히 배합한다면 그리 평탄하지 않은 일상이 한결 수월해질 수 있다.

물론 말은 쉽지만 이것을 아주 잔인한 방법으로 깨닫게 되는 경우도 종종 있다.

앨버트 엘리스(Albert Ellis)라는 미국의 유명한 심리분석학자가 있는데, 그의 강연을 들을 때였다. 수백 명의 청중이 몰두하다 못해 거의 넋을 잃을 만큼 그의 강연은 훌륭했다. 그런데 강연 도중 느닷없이 몇 명을 무작위로 연단위로 불러냈다. 그러더니 다짜고짜 현재 안고 있는 문제가 무어냐고 물었다. 나도 그 중에 끼어 있었다. 난 이혼한 직후였고, 그 즈음 몇 주 동안 너무도 불행해서 질식할 것만 같았다. 내가 얼마나 불행한지 수도 없이 혼잣말을 뇌까렸었다. 그러던 차에 단도직입적으로 그런 질문을 받고 보니, 그 많은 청중들 앞에서조차 설움이 복받칠 것만 같았다.

그 때, 그가 내게 던진 반문이 참으로 가관이었다.

"누가 약속해주던가요, 당신이 늘 행복하기만 할 거라고?"

그곳에 모인 사람들 대부분이 심리학자이거나 심리치료사였다.

그들은 모두 놀랐고, 나는 무안함과 분노로 눈이 뜨거워졌다.

이미 깊어진 상처를 세게 얻어맞은 듯한 쓰라린 통증. 그게 내가 받은 느낌이었다. 그런데 그 기분은 그리 오래 가지 않았다. 결코 비아냥거리지 않는, 아니 내 아픔을 알 것 같다는 눈빛과 그 한 마디에 나는 급소를 찔린 것 같았다. 세미나가 끝나고 집으로 돌아오는 비행기 안에서 난 어느 새 실실 웃고 있었다. 벌써 행복해졌다고까지는 말할 수 없었지만 사무치게 불행하지도 않았다. 그 지독한 자기 연민이 확실히 줄어들었다.

앨버트 엘리스 교수는 합리적 감성 치료법(Rarional-Emotion Therapy: RET)을 제창한 유명한 학자이다. 이 말은 언뜻 듣기에는 그 자체가 모순인 것처럼 들린다. 하지만 "심각한 우울증, 불안감, 분노, 죄책감 같은 비교적 오래 지속되는 부정적인 감정들은 살아가면서 얼마든지 피할 수 있다. 그러나 만일 그런 감정들이 찾아온다 해도 적절하고 일관된 사고법을 배우고 그대로 행동에 옮기는 법을 배운다면 그 고통을 최소화하거나 아예 고통을 제거할 수 있다는 데서 출발했다."는 그의 설명에서 그 취지를 이해할 수 있다.

그는 사람의 근심은 마음속에서 이루어지는 독백과 고정 관념의 틀을 깨지 못하는 잡다한 생각의 반복, 닳아 없어지는 기억들, 근심 등에서 비롯된다고 지적한다. 하지만 결코 도움이 되지 않는 독백은 그만두고, 좀 더 긍정적이고 자기애를 지닌(그것이 때로는 뻔뻔스럽고 쾌락적이며 심술궂은 것이라 해도) 생각으로 대체할 수 있는 사람은 자신을 중독시키는 해로운 감정들을 그렇지 못한 사람에 비해 더 빨리 제어할 수 있다고 한다.

사랑 때문에 생기는 고민도 예외는 아니다. 지나간 사랑 때문에 괴로울 때는 떠난 애인의 못생긴 발가락, 유치한 유머감각과 필요하다면 얄팍했던 돈지갑을 떠올려 보라. 한결 마음이 홀가분해지고 위로가 되었던 경험은 누구나 한 번쯤은 있을 것이다.

"사물이 인간을 번민케 하는 게 아니라 사물에 대한 시각이 인간을 번민케 하는 것이다" 그리스 철학자 에피크테트(Epiktet)의 말이다. 이미 기원 전 1세기에도 인간에게 이런 통찰력이 있었음에 놀라지 않을 수 없다. 심지어 《햄릿》의 입을 통해 셰익스피어는 무어라 했는가.

"선악이란 존재하지 않는 법! 그것은 다만 인간의 생각일 뿐!"이라 하지 않았던가. 그러니 시각이나 생각을 함부로 감성의 혼돈 상태와 섞이지 않도록 아껴뒀다가 그 감성이 진정한 이성을 만나 우리에게 가장 이롭게 작용하고 결실을 맺도록 해주자.

한때 나와 함께 일한 적이 있는 서른 세 살의 한나라는 여자는 언젠가 나에게 이런 말을 했었다.

"난 더 이상 내 감정이 복잡하게 얽히도록 내버려두지 않는

답니다. 감정의 고삐를 더 단단히 쥐어 잡으면 돼요. 다시 말해 나 자신에게 '감성 교육'을 시작한 거죠."

심리분석가 아브라함 마슬로프(Abraham H. Maslow)는 《동기와 인성》이라는 책에서 감성과 이성의 재미있는 상관 관계를 밝혀냈다. 여기서 그는 감성과 이성은 때로는 경이로울 만치 상호 영향을 주고받을 수 있다고 지적했다. "(…) 인식의 감성적 시각에는, 예컨대 통찰과 이해가 있어야 솟아나는 '추진력'과 같은 감성, 그리고 그릇된 행동을 더 잘 이해할 수 있도록 해 주는 화해, 이해, 수용 등과 같은 위안을 주는 작용 등이 있다. (…) 건강한 사람은 인식과 느낌, 감동 등이 서로 배격하기보다는 함께 상승효과를 일으킬 때가 많다."

나에게도 이런 경험이 있다. 한때 열렬히 사랑에 빠져 있던 붉은 머리의 프랑스 애인과 해변가에 체크 무늬 담요를 깔고 그 위에 나란히 누워 있었다. 그 때, 그가 간간이 내 어깨에 입을 맞추면서 가르쳐준 그 난해한 불어 동사들을 하나도 빠짐없이 기억하고 있다.

이제는 더 이상 감성과 이성, 머리와 마음을 꼭 대치시키지 말고 이 둘을 동시에 이용하면 어떨까? 불행하다고 느끼다 보면 그 '느낌'이 아주 빨리 자기도 모르게 불행하다는 '생각'으로 바뀌기 때문이다. 병약한 생각, 건강한 생각, 울분과 수줍음, 혹은 자신감 등도 느낌에서 전이되어 굳어진 생각의 전형적인 표현들이다.

감성을 능숙히 다루는 데 냉철한 이성이 필요한 이유는 또 있다. '하늘을 날 것' 같은 감성과 '땅으로 꺼져버릴 듯한' 감성 사이에서 우리가 중용을 지키기 위해서는 대상으로부터 한 발짝 물러서서 조금은 이성적인 눈으로 사물을 바라봐야 한다.

하지만 살다보면 아주 사소한 일에서도 이를 지키지 못해 상처받는 경우가 얼마나 많은가! 이것은 언젠가 내가 몹시 화가 나서 얼떨결에 의자 다리를 세게 걷어찼다가 발가락이 떨어져나갈 듯 아파 한참을 절룩거리다가 하게 된 생각이다. 만일 내가 한 발짝 뒤로 물러섰더라면-생각으로-아마 두 가지 사실을 볼 수 있었을 것이다. 즉, 내가 맨발이라는 점과 의자는 아무리 세게 찬다 해도 절대 넘어지지 않을, 너무나 단단하고 투박한 의자였다는 점 말이다.

그렇다면 이제 진정한 감성 지수를 살펴보자.

똑똑한 데다가 백만장자의 상속인으로 지목된 얀 필립 리엠츠마(Jan Philipp Reemtsma)가 납치되었다가 극적으로 풀려난 사건이 있었다. 의례 그렇듯 그가 풀려난 1996년 5월 6일, 사건 직후 기자들의 질문공세가 이어졌다. 쥐트도이체 짜이퉁 (Suddeutsche Zeitung)지 기자는 인터뷰에서 감금돼 있으면서 기다림과 희망으로 견뎠느냐고 물었다. 그러나 그의 대답은 조금 달랐다. "그리 커다란 희망은 갖지 않았습니다. 괴테의 《파우

스트》 2부에 이런 구절이 있지요. '인류에게 가장 큰 적은 두 가지 있으니, 하나는 두려움이요, 다른 하나는 희망이다'라는. 나는 이 두 가지 감정 모두에 너무 많이 휘둘리지 않도록 노력했습니다. 너무 큰 희망을 품다가 좌절되면 또 다른 극단으로 치닫게 마련이지요. 나는 그걸 피하고 싶었습니다. 마음을 약간 침체된 중용으로 유지하려고 애썼습니다."

이런 높은 감성 지수가 있었기에 그는 납치라는 악몽에서 풀려났고, 양호한 정신적·신체적 건강을 과시할 수 있었다.

미홀리 칙스젠트미홀리(Mihaly Csikszentmihalyi)라는 미국의 심리학자는 최근에 펴낸 책《인생의 의미에 미래를 주는 법. 2000년대를 위한 심리학》에서 '사고의 통제'를 주장했다. 이런 그의 주장은 '사고란 모든 강제적 장치로부터 자유로워야 한다'는 종전의 주장과는 사뭇 다르다.

이건 우리의 감성에도 똑같이 적용될 수 있다. 관습과 예의범절이 가르치는 대로 감성을 억누르던 시대와 유행처럼 만연하던 '감성의 무제한적 발산' 시대를 거쳐 이제는 감성을 적절히 통제해야 하는 시대가 왔다. 그리고 그러한 감성 통제는 저절로 되는 게 아니다. 연습이 필요한 것이다.

싫을 땐 싫다고 하자

지금까지 우리는 장장 몇 장(章)에 걸쳐 어떻게 하면 감성에 냉철한 이성을 적절히 가미할 것인가를 살펴보았다. 그런데 이제는 '너무 많이 생각하지 말자!'고 얘기하려고 한다. 앞장의 얘기들과 모순처럼 들릴지도 모른다. 하지만 한 마디로 말하면 '내 느낌을 믿자'는 것이다.

그러면 여러분은 묻고 싶어질 것이다. "대체 어느 장단에 춤을 추라는 거냐?"고.

"사람은 자기의 느낌에 충실하고 그것을 따라야 한다. (…) 생각하기 시작하면 영락없이 수다쟁이가 되기 때문이다."

이미 18세기의 작가 게오르그 크리스토프 리히텐베르크 (Georg Christoph Lichtenberg)는 이렇게 냉소적으로 말했다.

또 유명한 프리드리히 쉴러(Friedrich Schiller)는 괴테에게 보낸 1799년 7월 30일자 편지에서 이렇게 썼다.

"대부분의 인간이 가진 감각은 그 어떤 논리적 추론이나 이성적 판단보다 더 정확할 때가 많은 것은 부인할 수 없다네. 생각을 되새김질하는 데서 오류가 시작되지."

감성의 훌륭한 '경영', 즉 감성 매니지먼트는 경제 용어에서와 마찬가지로 균형을 잡는다는 어원에서 나온 말이다. 즉, 전적으로 내맡기지도 부정하지도 않으면서 조심스럽게 균형을 유지해야 한다는 뜻이다. 감성을 그대로 받아들여 그걸 표현하고 나아가 그 감성을 대견하게 여기는 것은 지적 관리에 소홀하다는 것과는 다르다. 오히려 그 반대이다.

감성에는 이미 그 자체에 지능이 포함되어 있다. 감성은 현명하다. 그래서 거기서 나오는 신호는 신뢰해도 좋을 만한 충분한 가치가 있다. 게다가 그 출처가 바로 우리 자신이기 때문에 내 감성을 믿는다는 것은 곧 나 자신을 믿는다는 뜻이다. 그렇지만 사실 감성 하나하나를 존중할 자신이 우리에게는 없다.

여자의 경우는 더욱 그렇다. 다소곳하고, 착하고, 부드럽고, 인고하고, 관대해야 한다는, 즉 여자를 억압하는 전형적인 감성들이 결코 여자들에게 가정의 평화를 주지는 않는다. 오히려 확신과 자신감을 가지고 스스로의 감성을 대할 줄 아는 사람에게 더 쉽게 다가온다. 그런데 대개 자신감은 여자보다는 남자 쪽에 가까운 단어로 들린다(물론 남자만큼 자기 감성에 자신감을 갖는 여자도 있지만, 흔치 않다).

좌절하고 싶을 때 실컷 좌절하고, 화가 날 때 가차없이 공격적으로 변해 사방을 발칵 뒤집어놓는 것도 이런 사람들에게서 볼 수 있는 행동 양상 중의 하나이다. 이처럼 이들의 감성 표현은 적극적이고 거리낌이 없다. 그럴 때 여자들은 옆에서 눈치껏 행동하는 역할을 맡는다. 부랴부랴 아이들을 제 방으로 들여보내고 주변을 깔끔히 정돈한다. 종일 집안 일과 아이들 돌보기에 종종걸음친 사실이 '티'나지 않도록 몸짓도 사뿐히, 그가 원하는 채널로 텔레비전을 돌려주고 어깨를 주물러 주어야 한다. 모처럼 친구와 만나 '수다 떨기'로 한 일을 취소하고, 느닷없이 들이닥친 그의 친구들이 포커 판이라도 벌일라치면 즉석 요리를 해내야 한다. 그와 함께 연극을 보다가 그가 지루해하면 어쩔 수 없이 중간에라도 일어나 나와야 하고, 그가 두 시간이 넘게 읊어대는 직장상사 험담도 진지하게 들어주어야 한다.

여자는 이해심과 의연함의 달인인 것처럼 보이지만 실은 속고 속이기를 반복한다. 난처하고 불쾌해도 표정은 즐겁고 만족스러워 보이며 관대하기까지 하다. 이만하면 정말 대단한 극기가 아닌가? 그런데 정말 물어보고 싶다. 꼭 그래야만 되느냐고? 그토록 자신의 감성을 괄시해도 되느냐고?

서른아홉 살의 중년 여성, 기젤라를 관찰하면서도 우리는 다시 이 질문을 하게 된다. 그녀의 직업은 비서다.

남편을 따라 들어간 요란한 생맥주 집은 그런 대로 그녀의 맘에 들었다. 그가 좋아하는 집이기 때문에 무릎을 달달 떨면서도 카누에 올라탔다. 날로 머리가 커지는 아이들에게 신세대 엄마라는 소리를 들을 수만 있다면 그쯤은 아무 것도 아니었다.

옆 직원 한 명이 결근했을 때는 음악회 표를 날리면서까지 야근을 자처한다. 상사의 기대에 어긋나고 싶지 않기 때문에 흔히 여자들은 이런 식으로 자연 발생적인 공포, 권태, 분노나 역겨움 같은 감정들을 억누른다.

그런데 문제는 이런 일이 반복되면 오히려 더욱 은밀한 감성과 생각, 기분과 자극에 더 빨리 노예가 되기 쉽다는 데에 있다. 스스로 채운 족쇄가 날이 갈수록 점점 더 강하게 옥죄어오기 때문이다.

그 족쇄란 바로 집이나 직장에서 화목의 주축이 되고, 적어도 친구와 이웃과 동료직원들 앞에서만큼은 그러기 위해 노력하는 척이라도 해야 한다는 강박관념이다. 조화와 화목의 책임은 바로 여자한테 있으니까….

그런데 아니다! 여자들에게는 책임이 없다는 게 아니라 조화라는 말 자체가 공동의 노력이 없이는 이뤄질 수 없다는 뜻이다! 이제 여자도 좀 더 자기 감성에 솔직하고 확실히 표현할 줄 알아야 한다.

억압당한 감성은 종종 신체적 고통과 질병의 원인이 되기도 한다.

잉그리트는 퇴근길에 집으로 차를 모는 도중 갑자기 구토가 몰려와, 부랴부랴 차를 세우고 토악질을 했다. 그러기를 반복한 지 세 번째 되는 날, 비로소 그녀는 그게 늘 같은 지점이었다는 사실을 깨달았다. 처음에는 회사의 구내식당 음식이 문제인가 하고 생각했었다.

그러나 마침내 확실한 원인을 알아냈다. 그녀가 구토를 반복했던 바로 그 지점. 그곳은 멀리 그녀의 집이 보이기 시작하는 최초의 지점이었다. 그녀의 집은 아주 멋졌다. 사디스트인 남편이 또 술에 만취해서 주정을 퍼붓고 폭력을 휘두르기 위해서 그 안에 있다는 사실을 뺀다면…. 하지만 그녀는 가까운 친구와 이웃, 심지어는 가족들에게까지 이 지옥 같은 생활을 감쪽같이 감춰 왔다. 정상적인, 나아가 행복한 결혼 생활로 가장하기 위해서 그녀가 보인 노력은 실로 눈물겨운 것이었다. 그렇지만 그러한 노력에도 불구하고 상태는 점점 더 악화됐고, 번번이 짓밟힌 그녀의 감성이 마침내 반란을 일으킨 것이다. 구토는 이런 반란의 첫 신호일 뿐이었다.

오랜 세월에 걸친 고통이나 무리한 기대, 또는 부당한 요구에 대해서 저항하고 '싫다'고 말할 수 있기 위해서는 우선 그런 거부감을 스스로 인정하지 않으면 안 된다. 이런 거부감의 직시와 인식에 필요한 것이 바로 자기 신뢰와 용기이다.

철학자 칸트도 어떤 상황이나 행동, 또는 어떤 제안에 직면했을 때 '예', '아니오'를 분명하게 말할 수 있는 것과 감성 관리 능력 사이에는 밀접한 관계가 있다는 것을 간결하게 정의했다.

"어떤 생각을 하면서 기쁨이나 역겨움을 느낄 줄 아는 능력, 바로 이것을 감성이라고 부른다."

그걸 쉽게 표현해 우리는 '어쩐지 꺼림칙했어!'라고 말하곤 한다. 바로 이럴 때처럼.

– 별로 내키지 않는 식당에 들어갔는데 배탈이 났을 때.
– 마음 한 구석에서 나지막이 들려오는 경고를 무시하고 더 좋은 보수를 좇아 취직했는데, 한 달도 못 가 사람들의 입방아로 괴로울 때.
– 진열장에서 걸린 실크 원피스를 보고 무심결에 가게에 들어갔다가 '너무 잘 어울린다'고 호들갑 떠는 점원의 기세에 밀려 지갑을 꺼냈다. 마음 저 밑바닥에서 푸른색이 꼭 '물귀신 같다!'는 소리가 들려왔지만 차마 도로 지갑을 넣을 수가 없었을 때(그 옷은 살 때 그대로 4년째 옷장에 걸려 있다).

자신 있게 살자! 여자의 섬세한 감성은 마음껏 내보이고 뽐내도 좋은 일종의 보석이다. 무거운 겸손의 휘장을 과감히 걷어내고 보석을 꺼내자. 옷가게 여점원의 아부에 주저 없이 찬물을 끼얹고, 애인을 실망시키고, 직장 동료를 화나게 해보자.

여자들의 실제 느낌과 밖으로 드러나는 행동 사이의 괴리는 어설프게 폭로되기 쉽다. "그 지긋지긋한 작자한테 헤어나 이제 자유로워져서 얼마나 기쁜지 몰라!" 하는 친구의 뺨에 눈물 줄기가 흘러내릴 때, 그녀가 얻는 것은 무엇이었을까?

예리한 전문가들 앞에서 정책을 설명하기 위해서 여성 시의원이 당당하게 서 있다. '여자가 하는 일이란 게 말이야…' 하는 소리를 듣지 않기 위해 그녀는 애써 권위와 냉철을 가장했건만 등에서는 식은땀이 흐른다. 과연 그녀가 얻은 것은 무엇일가?

헨리 밀러는 억지로 감성을 억압하는 행위를 가리켜 '영적인 자살'이라고까지 말했다.

행복하고 바람직한 정서생활을 위해서는 우리의 감성을 있는 그대로 인정하고 받아들여 그걸 제대로 표현할 줄 알아야 한다. 헤프게 벗어 젖히지 않고도 품위 있고 우아한 노출은 얼마든지 가능하다. 당신의 감성을 다른 이들과 함께 나누고, 당신의 감성에 관심을 갖도록 유도하고 그것을 공유하라.

아이러니컬하게도 그렇게 함으로써 허점이 드러내는 게 아니라 오히려 더욱 독보적인 존재로 빛날 수 있다. 남들로 하여금 공연한 추측의 여지를 주지 않기 때문이다. 따라서 '감성'이라는 강한 무기로 당신은 적의 입을 틀어막고 신선한 호기심을 자극할 것이다. 그리고 존중과 배려, 관심과 존경을 얻을 것이다.

그렇다면 일상 생활에서는 어떻게 나의 감성을 주장해야 할까?

무엇보다 분노를 억지로 누르거나 참으려 하지 말자. 화가 날 때는 화를 내자. 단 '분노'라는 감정을 절제하고 다스릴 줄 알아야 한다. 분노를 세련되게 각색해서 방출하는 법, 즉 절제된 폭발은 남자에게 배울 수 있다. 의식적으로 공격적인 감성을 거기에 투입하는 것이다. 가능하다면 기품 있고 침착하게. 그럴 때 분노와 노여움은 당신이 뜻한 대로 주위 사람들에게 효과를 발휘할 것이다.

좌절하고 실망하고 슬퍼하자. 단 주위 사람들에게 당신의 슬픔과 비애의 이유(혹은 이유 없음이 이유가 될 수도 있다!)를 설명하고 배려해 줄 것을 요구해야 한다.

감격하자. 이때도 다른 사람들과 그것을 나누고, 함께 기뻐해 달라고 요구하자. 고통이 그렇듯 기쁨도 나눌 때 빛이 난다.

이런 몇 가지 감정 처리에만 성실한 자세로 임하면 당신은 어느덧 센티멘털한 변덕쟁이의 오명을 벗고 잘 세공된 보석처럼 여러 각에 여러 층의 빛을 지닌, 열정적이면서도 다감한 여자가 될 것이다. 그러면서도 함부로 취급당하지 않는 여자가 될 수 있다!

복수심 역시 그 이름만큼 사악한 감정이 아니다. 인간 관계에서 정당한 평형을 잡아주는 것도 바로 이 복수심이라는 감정이 있기 때문에 가능하다. 하지만 이것은 남의 자동차 바퀴에 펑

크를 내놓고, 그가 애지중지하는 우표집을 몰래 불살라 버리는 따위의 파렴치한 행동과 동일시해서는 안 된다. 복수심은 오히려 상상 속에서나 혹은 어떤 의식을 통해서 실현되는 경우가 더 많다. 보복의 편지를 쓰다 보니 어느덧 마음이 후련해지고 쾌감까지 느껴져서 결국엔 그 편지를 부치지 못하는 경험은 일반적인 일이다. 심지어 여류 화가의 격렬한 복수심이 예술혼으로 승화되어 훌륭한 작품이 창조된 경우도 있다.

어느 텔레비전 프로그램에서 딸이 강간을 당하고 살해된 어머니가 나와서 이런 고백을 한 적이 있었다. 그녀는 몇 해 전부터 줄곧 섣달 그믐날이 되면 딸을 죽인 강간범이 살던 쪽을 향해서 폭죽과 폭음탄을 터뜨려 쏜다고 했다. 그녀는 그 어떤 것으로도 형용할 수 없는 고통을 어느 정도는 해소할 수 있는 방법을 다분히 감성에 의존해서 상징적으로 풀어 가는 방법을 택한 것이다.

그렇다면 분노는 정말로 사람을 추하고 볼품 없게 만드는 것일까? 여자들은 이것을 어떻게 보고, 어떻게 대처하고 있는가?

"여자들은 그들의 분노를 맹목적인 화풀이 정도로 생각하고 그 효과도 거의 기대하지 않는다. 사실 여자들이 화를 내면 대개는 비웃음을 사고 괴팍하고 신경질적이며 변덕스럽다는 낙인까지 찍힌다. 그렇다고 여자들 스스로가 자신들이 분노해봤자 별 효과가 없다고 믿는 것은 참으로 유감스러운 일이다. 하지만 남자의 경우는 전혀 다르다. 그들은 때때로 분노를 연기하기까지 한다. 그들에게 분노는 힘의 우위를 점하는 손쉬운 방법이기 때문이다." 한넬로러 베버(Hannelore Weber)라는 심리학 교수의 말이다.

그런데 왜 여자는 그게 안 될까? 무엇 때문에 분노하고, 왜 화나는지, 어째서 당당하게 말하지 않고 그걸 활용하려 하지 않는가? 내 안의 본질적인 무엇이나 충족되지 못하는 욕구와 수치심을 건드리고 인내의 한계를 시험하려 들 때, 그럴 땐 가차없이 분노하고 화를 내고 두려움과 복수의 충동을 드러내라.

다른 사람들도 다 그렇게 한다. 세계 권투 챔피언 헨리 매스크(Hanry Maske)는 "훌륭한 권투 선수는 겁먹을 줄도 알아야 한다."고 했고, 테니스 선수인 보리스 베커(Boris Becker)는 "난 화가 나야 발동이 걸린다."고 했다.

자신을 주장하고 표현하고 그로 인해 투명해져라! 자기를 바라보는 시야가 유리처럼 투명해지도록 스스로 영혼의 장막을 걷어내고 망막의 창문을 깨끗이 닦아라! 그러면 불안은 사라지고 스스로 주입시킨 부정적인 감정들도 사그라진다.

그러자면 물론 처음엔 주위 사람들이 황당하고 어이없어 할 것이다. 카피라이터인 아나벨레가 회의 중 발언할 기회를 차단당하자, 이렇게 목청을 높이며 발딱 일어섰을 때처럼 말이다. "화가 나서 못 참겠어요!" 순간, 다른 사람들 모두 할 말을 잃고

입을 다물어 버렸다. 아나벨레는 일사천리로 자신의 아이디어를 설명했고, 나중에는 후한 보너스를 받았다.

또 번화가에서 대중들을 상대로 처음 판촉 활동을 시작한 레나테는 마이크를 잡고 첫마디로 "전 사람들 앞에 서면 오금이 달달 떨립니다. 워낙 무대체질이 아니라서 그런가봐요"라고 하자, 사람들은 그녀의 솔직함에 웃음을 터뜨렸다. 그런데 이상하게도 그 순간부터 떨리지 않았다.

그렇다면 원치 않는 느낌을 말로 표현하면 밖으로 몰아낼 수 있다는 건가? 굳이 그 저변에 깔린 욕구를 부인하지 않고, 감정을 솔직히 표현하는 것 자체만으로도 꾹꾹 눌려있던 감정이 걷잡을 수 없이 폭발하는 것을 막을 수 있다. 그러면서 달갑지 않은 감정의 위력이 사그라지는 것이다.

내 감정을 통제할 수 있는 사람은 결국 나밖에 없다는 사실을 잊지 말자. 감정들의 강도와 방향, 지속 시간과 영향을 조절할 사람도 오로지 단 한 사람, 바로 당신뿐이다.

이만하면 충분히 자신감을 가져도 좋지 않을까!

독창적으로 스트레스 푸는 법

얼마 전까지만 해도 우리는 화가 날 때는 화를 내고 슬
플 때는 맘껏 통곡하고, 아무튼 생기는 감정을 그때 그때 분출하
는 것이 건강에 이롭다고 생각했다. 그런데 그것이 심장 순환 체
계에 해롭다는 사실이 밝혀진 것은 아주 최근의 일이다.

걸핏하면 노발대발 수치심도 아랑곳하지 않고 내키는 대로
행동하는 것이 마치 카타르시스 효과를 주는 것처럼 믿는 학자
들도 있었다. 그렇지만 근래 학계에 주목받는 새로운 경향은 종
전의 이런 견해가 잘못된 것임을 말해 준다.

– 트리어 대학의 페터 슈벵크메츠거(Peter Schwenkmetzger)
교수는 분노를 노골적으로 표현하는 사람들이 '분노를 자제하는
사람들'보다 고혈압일 확률이 높다는 사실을 확인했다.

– 실컷 울면 슬픔이 가신다는 통념과는 달리 버클리 대학의
로버트 리벤슨(Robert Revenson) 교수는 울면 울수록 슬픔이

더 커진다는 사실을 알아냈다. 실제로 심리학자들이 한 실험에서 목놓아 우는 사람들의 맥박수가 높아졌고, 울음을 그친 두 시간이 지날 때까지도 눈물을 '삼킨' 사람들보다 더 깊은 슬픔과 고통에 시달렸다.

    — 얼마 전 위궤양의 주범은 박테리아라는 연구 결과가 세상에 알려졌다. 이제 더 이상 억압된 분노가 위장 장애를 일으키는 가장 주된 요인이라고 생각하는 사람은 없을 것이다.

    — 심리치료사 베르트 헤링어는 《인정이란 무엇인가》 라는 책에서 분노의 감정을 감추어서 신체적인 질병에 시달리게 되는 사람들에 관해 이렇게 기술했다. "그들은 분노라는 감정을 억압하기 때문에 병이 든 게 아니라 문제를 해결할 수 있는 '행위'를 억압하기 때문에 병이 든다. 분노를 드러내는 것만으로는 아무런 해결이나 자유로움을 얻을 수 없다. 그 분노에 상응하는 행동이 뒤따르지 않으면 아무 소용 없다."

따라서 사소한 일에 매번 흥분하지 않도록 정신을 집중하는 게 좋다. 자신의 감성을 '지배한다'는 것은 그것을 '억압한다'는 것과는 다르다. '감성의 통제'는 감성을 정성껏 보살피고 적절하게 대처하고 실패나 비판, 좌절감이나 자괴감 등에 어느 정도 무관심할 수 있는 거리를 둔다는 말과 통한다.

물론 분노를 폭발시켜서 정말 후련해질 수도 있다. 잠시나마 다시 활기가 솟고 자기의 입지를 강화시켜 줄 수도 있고 더욱 더

화가 나게 할 수도 있다. 분노는 일종의 중독처럼 아주 유혹적이기 때문이다.

내 이웃집 여자 페트라는 발을 구르고, 책상다리를 걷어차고, 접시를 집어던지고, '쾅'소리 나게 문을 닫고, 고함을 치고, 무언가를 때려부술 때는 '꼭 오르가슴과 같다'고 즐겨 말한다. 그런데 그녀는 세 번 이혼했고 매번 비싼 새 접시를 사들이느라 허덕이고 있다. 눈물의 바다 역시 그 속에 들어가면 모든 문제가 해결 될 듯이 강하게 우리를 이끈다. 마침 손에 충분한 화장지가 들려 있고 미리 마스카라를 지워놓았다면 말이다.

감성의 거센 폭풍에 휘둘리기 시작하면 마조히즘 성향도 점차 상승한다. 하지만 분명한 것은 이런 방법으로는 우리의 일상과 심리 상태를 지속적이고도 평온하게 할 수 없다는 사실이다. 너무 둔감하지도, 너무 예민하지 않은 넉넉한 중용, 피끓는 맹목도 싸늘한 냉혈도 아닌 평정이야말로 우리에게 진정한 여유와 살아갈 힘을 준다. 그런데 이 중용은 배우고 훈련하면 가능하다.

다음은 스트레스 상황을 얼마나 다양하고 창의적인 방법으로 넘길 수 있는가를 보여주는 일곱 가지 사례이다.

1. 철저히 의식적으로 : 영화 '7년 만의 외출'로 유명한 세계적 명감독 빌리 와일더(Billy Wilder)가 말하는 성공비결은 "무대에서는 절대 큰 소리를 내지 않는다. 아예 갈등이 생기지 않도록 하는 것은 아니다. 단지 적절한 때에 예방하는 것"이다.

2. 인습에 따라 : 동아시아에서는 젊은 상인들에게 수천 년 전부터 지금까지 까다로운 흥정을 할 때는 두 손을 마주 비벼 몸의 긴장을 풀면 협상의 결과가 좋아진다고 가르쳐왔다.

3. 경험에 따라 : 예로부터 현명한 어머니들은 눈물을 주체하지 못하거나 복수심에 불타거나, 혹은 완전히 기진맥진해 있거나 격분해서 몸을 떠는 자녀에게는 이렇게 타일렀다. "일단 한 숨 돌리고 생각해 보자." "숨을 깊이 들여 마셔라." "열까지 세어 보렴."

4. '마음먹기'에 따라 : 심장마비 후유증 치료법 개발의 선구자 막스 요세프 할후버(Max-Josef Halhuber) 교수는 자기만의 스트레스를 푸는 법을 이렇게 설명했다. "예를 들어 빨간 신호등이 들어와 차를 세울 때 나는 초조해 하지 않아요. 대신 그 아름답게 빛나는 색깔을 맘껏 음미하지요. 그러면 교통 지체로 생겼던 짜증이 어느새 사라지고 맙니다."

5. 습관에 따라 : 영국 소설이나 영화를 보면 흥분을 가라앉히기 위한 자연스런 의식이 하나 있다. "자, 우선 차나 한 잔 마시고 보죠."

6. 모험심을 발휘하여 : 부동산 중개인 안나는 신경과민과 긴장을 푸는 약을-좀 비싼 약이기는 하지만-소개했다. "휴가 때마다 미국으로 여행을 떠나요. 대도시인데도 불구하고 그곳은 모든 걸 훌훌 털어 버리고 홀가분한 마음으로 돌아올 수 있게 만

드는 여유가 있는 곳이죠. 공항에 내리자마자 이리저리 바쁘게 움직이는 사람들과 부딪치다 보면 중부유럽인다운 거드름에 절로 웃음이 나요. 그렇게 휴가를 보낸 다음에는 운전도 침착하게 하고, 앞사람을 밀치고 종종걸음치지도 않을 뿐더러 버스를 잡아타려고 필사적으로 뛰는 일도 없답니다. 사무실에서는 일도 더 차분하게 하게 돼요."

7. 아주 무의식적으로 : 마지막은 감성지수를 발휘하면 심각한 국면을 얼마나 훌륭하게 모면할 수 있는지 잘 보여주는 장면이다.

스포츠카를 몰던 한 젊은이가 양보 표지판을 무시한 채 앞서 가던 리무진 앞으로 느닷없이 끼여들었다. 리무진을 운전하던 노신사는 기겁을 하고 브레이크를 밟았다. 화가 머리끝까지 치민 노신사는 얼굴까지 벌겋게 달아올라 '앞 뒤 분간 못하는 건달'에게 큰 소리로 욕설을 퍼붓고, 옆자리에 동승한 여인에게 당장에 차량 번호를 적으라고 했다. 신고를 하겠다고 그가 노발대발하는 동안 그녀는 그의 고혈압이 걱정됐다.

다음 빨간 신호등이 들어오자, 두 운전자는 동시에 차에서 내렸다. "어디 본때를 보여주마!" 흥분한 노신사는 당장이라도 멱살을 잡을 기세로 젊은 운전자에게 성큼 다가섰다. 그런데 이게 웬일인가? 그 젊은 운전자는 두 팔을 크게 벌리며 미소를 지은 뒤 정말 민망해하며 말했다. "죄송합니다. 선생님이 우선인데

제가 신호를 어겼군요. 놀라게 해드린 건 아닌지, 정말 죄송합니다."

동승한 여인은 자기 눈을 의심했다. 노신사는 흡족한 미소를 짓더니 그의 어깨에 팔까지 얹으면서 오히려 위로하듯 말하는 게 아닌가! "괜찮네. 나도 젊을 땐 그랬어."

더 이상 무슨 말이 필요할까? 노신사는 그 젊은이가 보내는 감성의 신호를 느낌으로 읽은 것이다. 그리고 화해의 표시를 본능으로 받아들여 자기도 모르게 그에게 동조했다. 두 개의 감성이 서로 만나는 과정이었다. 요동치지 않고 얼마나 가라앉히느냐, 그것은 순전히 감성 문제이다.

그 외에도 여러 가지 방법이 있다. 참선, 요가, 명상 등과 같은 긴장 이완 내지 정신 집중 훈련이 있고, 조깅, 정원 가꾸기, 에어로빅, 집안 청소 같은 신체 운동도 있고, 주로 자기를 화나게 하고 분노와 실망을 느끼게 하는 원인과 계기를 짚어보고 의식적으로 생각을 조금 바꿔보는 방법도 있다. 이 모두가 어느 정도까지는 우리의 감성에 영향을 미친다는 것은 잘 알려져 있다. 여기에 아직은 많이 소개되지 않은 방법으로 스톱 훈련이 있다.

스톱 훈련이란 다소 우스꽝스럽긴 하지만, 알고 보면 실제 삶에 더 가까운 것들이어서 편견 없이 접근하는 실용주의자들이 주로 쓰는 방법이다.

- *(이미 떠나버린) 애인의 손이 참 예뻤다는 생각이 들 때,*
- *과장이 차가운 얼굴로 인사를 받은 이유가 자꾸 궁금해질 때,*
- *전 남편과 그의 새 애인을 어떻게 하면 골탕을 먹일 수 있을지 복수*
  계획을 짜느라 시간 가는 줄 모를 때,
- *20년 뒤에 자기 아이가 마약 중독자가 되면 어쩌나 하고 근심스러*
  워질 때,

　이럴 때는 딱 한 가지 방법이 있다. 집게손가락으로 코끝을 누르면서 크고 또렷한 목소리로 '스톱!' 하고 외친다. 한 번 해 보라. 효과가 있을지 없을지는 내기를 걸어도 좋다. 그러는 내 자신이 한심하고 멍청해 보여 '픽' 하고 실소해버리는 것만으로도 이미 효과를 봤다는 증거다. 비록 쓴웃음이라 할지라도 웃음은 여유를 갖는 데 꼭 필요한 요소이다.

진정한 미소가 세상을 밝게 한다

삶을 정말 살 만한 가치가 있도록 만들어 주는 것이 있다
면 앞에서 언급한 이성과 자의식과 여유, 그리고 마지막으로 친
절이다. 이것은 감성을 다룰 때 빠져서는 안 되는 중요한 요소이
기도 하다.

온유한 성품(자기 비하적 인내와 혼동하지 말 것)은 인간이 지
닌 기본 욕구이자, 가장 건강한 생존 장치 중의 하나이다.

얼마 전 뉴욕 학술원 주최로 '공동체 의식의 통합 신경 생물
학'이라는 주제로 열린 학회에 참석한 적이 있었다. 제목은 좀
거창하지만 다루는 내용은 간단했다. 사람이 서로에게 호의를
주고받을 때 생기는 생물학적 현상에 관한 것이었는데, 특히 상
대방을 달래고 화해하는 의식에 대한 토론에서 가장 빈번히 귀
에 들려온 단어가 바로 '미소'였다. 물론 여기서의 '미소'라는 개
념은 '돈 워리, 비 해피!(Don't worry be happy!)'가 아니라 우

리의 내적인 정서 상태와 태도와 사물을 바라보는 시각 전반을 가리키는 것이다.

그런데 아주 재미있는 결과가 나왔다. 공동체 의식에서 나오는 행동이 사람의 신경계와 호르몬 생성을 자극해서 여러 신체 부위의 활동을 활발하게 한다는 것이다. 분노와 두려움이 발단이 되는 다툼이나 경쟁처럼 그 과정은 복잡했지만, 공동체 의식에서 나온 행동은 행동으로 취해지는 과정에서 몸 속의 면역 체계가 강화된다는 점이 달랐다.

빙그레 미소짓고 큰 소리로 유쾌하게 웃거나, 다른 사람에게 호감을 갖고 호의를 베풀고, 서로 화해하고 친절하면 신체 내에서 생화학적 반응을 일으켜 병에 걸리지 않거나 강하게 버틸 수 있도록 해준다는 뜻이다.

거꾸로 원망과 증오심 같은 은근하고도 지속적인 원한 감정이 유발하는 스트레스는 분노나 노여움 같은 격정적인 감정보다 훨씬 위험하다고 심리치료사인 슈테판 레르머(Stephan Lermer) 박사는 그의 저서 《면역성》에서 밝힌 바 있다. 그리고 그는 이렇게 덧붙인다. "스트레스는 당신의 기력을 소진시킬 수 있습니다. 부정적인 감정이 완화되지 않으면 당신의 몸 속에 악영향을 끼쳐 영구적으로 부정적인 환경의 뿌리를 심어놓기 때문입니다."

다른 사람을 즐겁게 해주고, 걱정을 덜어주고, 눈물을 닦아

주고, 두려움을 없애주고, 용기를 주고, 곤경에 빠지지 않도록 지켜주고, 슬플 때 위로해주고, 기쁠 때 함께 기뻐해주고 사과 하는 것. 이 모든 것은 우리의 착한 본성을 개발하고 친구를 얻는 데 '마력(魔力)'을 발휘한다. 그렇다고 우리가 욕구를 반드시 포기해야만 하느냐 하면 그것은 아니다. 내 경험에 의하면 화가 나는 상황에서도 먼저 다른 사람에게 친절을 베풀고 친근감을 보이던 사람이 화를 내면 주변 사람들에게 시도 때도 없이 발끈거리는 사람보다 훨씬 더 주목을 받고 그 효과도 훨씬 강하게 나타났다.

"강인함을 보여줄 때가 오기 전까지는 유연하고 명랑하라!" 내가 좋아하는 동양 격언이다. 하지만 '친절'이라는 마력을 얻기 위해서 누구나 인생의 '달인'이나 제2의 테레사 수녀가 될 필요는 없다. 그리고 적당한 나이나 성별이 따로 필요한 것도 아니다. 몇 해 전 우리에게 작은 희망을 주었던 한 소녀의 이야기처럼 말이다.

소녀의 얼굴엔 날마다 미소가 넘쳤고, 등교 길에 마주치는 모르는 사람들에게 무릎까지 살짝 굽혀가며(그 때만 해도 인사법이 그랬다) 인사를 했다. 그 소녀가 인사하는 대상은 주로 늙고 혼자 걷고 있는 사람들이었다. 그 때마다 우울하게 처진 노인들의 얼굴은 빛이 났고 초점 없는 눈길에 온기가 서렸으며, 굳게 닫혀 있던 입가에 미소가 감돌았다.

어느 날 함께 걷던 소녀의 친구가 물었다.

"아는 사람들이니?"

"아니. 하지만 늙고 외로운 사람들이야. 저 분들이 얼마나 기뻐하는지 너도 똑똑히 봤지?"

그런가 하면 친절을 실리와 결부시키는 사람들도 있다. 오스트리아 사람들이 불친절하다는 불평이 여행객들 입에서 날로 커지자 오스트리아 정부는 몇 해 전부터 대대적인 '불친절 추방' 캠페인에 나섰다. 공익광고, 세미나, 홍보 영화를 찍어 여행업계와 국민들에게 친절 교육을 시키는 데만 약 7백만 마르크를 투자했고, 아놀드 슈왈츠네거, 프리덴스라이히 훈더트바서, 라인하르트 펜트리히 같은 유명 인사들도 '미소의 힘'을 일깨우는 행사에 참여했다.

그런데 웃을 일이 별로 없을 때, 도무지 탄성을 지를 만한 일이 일어나지 않을 때는 어떻게 할까?

물론 이럴 때를 대비해서 자연은 뭔가 아주 기막힌 대책을 마련해 놓았다. 그것은 우리가 큰 소리로 웃거나 미소짓는 척만 해도 기분이 좋아지는 현상이다. 괜히 싱글거리고 일부러 껄껄 웃는 것만으로도 충분하다.

이것이 그저 단순한 자기 기만이 아님은 만하임 대학의 프리츠 슈트라크(Fritz Strack)라는 심리학 교수도 실험을 통해서 보여주었다. 그 실험에서는 같은 감정이라도 표정을 통해서 표현될 때 그 감정은 더욱 강화되었다. 예를 들어 미소를 지으면 정말로 미소짓는 사람의 기분이 고조되고 실제로 측정이 가능할 정도로 명랑해지고 쾌활해졌다.

감성 관리 능력이 있는 사람은 긍정적인 생각을 하고, 그럼으로써 긍정적인 느낌을 갖는다. 느낌이 긍정적인 사람들은 병에 걸리는 일도 거의 없고 일을 즐기고, 결혼 생활도 그렇지 못한 사람들보다 행복하고 돈도 더 잘 번다고 사회학자들과 심리학자들은 말한다. 물론 이런 사람들은 삶의 역경이나 부조리에 대해서, 혹은 다른 사람들(이건 매우 중요하다!)과 자기 자신에 대해서 여유를 가지고 웃을 줄 안다.

에리히 캐스트너는 자신의 동화책에 삽화를 그려준 친구 발터 트리어(Walter Trier)를 두고 이렇게 말했다.

"그가 스케치하고 채색하는 것은 그것이 무엇이든 활짝 웃고 방그레 미소를 지었다. 옷장이며 사과며 벽시계며 부인들이 쓰는 모자까지도 웃고 있었다. 모두가 그 자체로 밝았고, 또 보는 이까지도 그렇게 만들었다. 그는 악의를 보았지만 화를 내지 않았고, 어리석음을 보았지만 여유를 잃지 않았다. 있는 그대로 세상을 보았고, 그리고 진정으로 그것들을 향해 미소를 보냈다."

그렇다면 '진정한 미소'는 따로 있는 것일까? 어떤 심리학 세미나에 참가했을 때였다. 세미나 강사가 하루는 참가자들을 네 팀으로 나누고 그 중 한 사람을 지목하고는 돌아가며 그 사람에 게 좋은 말만 해보라고 했다.

내가 속한 팀에서는 정말로 못생기고 무뚝뚝해 보이는 데다 가 이유 없이 거만하고 뻣뻣하게 구는 간호사가 가장 먼저 뽑혔 다. 그녀를 칭찬하라니! 긴 침묵이 흘렀다. 상황이 상황이다 보 니 서로 민망하고 곤혹스러워졌다. 그 때 누군가가 이렇게 말했 다. "자세히 보니 믿음직스러우신 것 같네요." 꽤나 궁색한 칭찬 이었다. 그런데 뜻밖에도 그 간호사의 일그러진 얼굴에 미미한 미소가 번졌다.

그러자 또 다른 사람이 얼른 이렇게 말했다. "약간 매부리코 이긴 하지만 그렇게 웃으니까 보기 좋은데요." 그러자 이번엔 좋 아서 입이 다물어지지 않았다.

뒤이어 칭찬이 꼬리에 꼬리를 물었다. 우리들 스스로도 놀랐 다. 실험이 끝나갈 때쯤에는 어떤 사람의 얼굴은 온유하게 빛났 고 또 어떤 사람의 얼굴은 넉넉한 행복이 가득한 채 강의실을 나 왔다.

서로에 대한 호의는 세상의 어느 마법보다도 가장 효과적인 것 중 하나다. 약간만 따스한 마음으로 다가가 보라. 특급 호텔 의 거만한 직원의 눈매가 부드러워지고, 짜증스런 택시 기사도 맘 좋은 아저씨로 변한다. 또 퉁명스런 시청 공무원이 싹싹해지고, 요령만 챙기던 영업 사원도 적극적인 동업자로 변신한다. 월요일 아침의 무료한 업무 전화를 할 때 '나도 만성 월요병 환자!'라고 먼저 명랑하게 말을 건네면 금새 벽이 허물어지고 즐거운 수다로 이어질 수 있다(미소는 목소리를 통해서도 전달이 될 수 있다).

미소를 짓는 사람, 다시 말해 미소라는 호의적인 행위를 모든 감성 속에 조금씩 섞어 넣을 줄 아는 사람은 부정적인 자극도 이내 제압할 수 있다. 감성에 주체성을 발휘하는 여자는 이렇게 내적인 거리감으로 매사를 즉각 자기와 결부시켜 마구 흥분하지 않고 조금 더 기다릴 줄 알며, 쉽게 자존심 상해하지도 않고 싱긋 웃거나 크게 웃어버린다. 그냥 즐거운 것이다.

행동연구가 데스먼드 모리스(Desmond Morris)는 말한다. "의심할 여지없이 미소는 우리가 할 수 있는 모든 제스처 중 서로를 묶어주는 가장 중요한 것이다." 물론 입증할 만한 증거도 많다.

기분 좋고 경쾌한 발걸음으로 길을 걷다 보면 왠지 모든 사람들이 다 선량해 보이고, 남자들이 매력적으로 보일 때가 있다. 당연히 입가엔 미소가 얹혀 있을 것이다. 이렇게 기분 좋아지고 싶은 충동은 어디서 오는지 그다지 중요한 것이 아니다. 그저 좋으니까 미소지을 뿐. 그런데 사람들이 미소로 답해준다. 넉넉한 분위기, 사람과 사람 사이의 친절, 명랑함과 따스함과 평화에 대한 우리의 욕구가 얼마나 원초적인가를 새삼 실감하게 된다.

"미소는 인간이 사회적 관계를 시작했음을 알리는 신호이다. 미소는 계속되는 모든 사회적 관계의 전제 조건이자 필수 조건이다." 젖먹이 영아가 짓는 최초의 미소를 수십 년 동안 연구해 온 심리분석가 르네 슈피츠(Rene Spitz)의 말이다.

그런데 어떻게 이런 미소를 포기할 수 있겠는가?

2

감정에 시달리는 여자, 감정을 다스리는 여자

제1장

착한 여자를 포기하면 세상이 달리 보인다

여자는 왜 감정에 시달리는가

직업이 직업이니만큼 나는 여자들의 감정에 대해서 물어볼 기회가 아주 많았다. 친한 친구, 상담을 받으러 온 사람들, 동료 학자들, 요양중이거나 통근 치료를 하는 환자들, 그리고 몇 년간 내 인터뷰에 응답해 준 사람들이 주로 그 대상이었다. 계층도 다양했다. 영화배우에서 미혼모, 여사장에서 암환자, 버림받은 조강지처에서 정부(情婦)를 비롯, 청상 과부와 여성운동가에 이르기까지. 그런데 모든 게 천차만별인 그들에게서 나온 대답은 늘 비슷비슷했다. 자신의 감정적인 능력에 자부심을 갖는 여자들이 거의 없다는 사실 역시 약간의 정도 차이만 있을 뿐 거의 거기서 거기였다. 상당수는 자신들의 처지를 한탄하고 불평했다. 특히 그 중에서 가장 많이 나온 불만은 바로 우리가 일상 생활에서 흔히 느낄 수 있는 감정들에 관계된 것이었고, 그 다음이 감정의 중심이자 우리 삶을 결정하는 가장 중요한 감정,

바로 '사랑'과 관련된 것이었다.

그럼 우선 우리가 일상 생활에서 가장 자주 느끼는 일곱 가지 감정을 살펴보자.

- "죄책감 때문에 아무것도 할 수 없어요"
- "헤어진다는 게 두려워요. 혼자 남게 되잖아요. 제가 이별을 겁내는 건 그만큼 고독을 견딜 수 없기 때문이에요"
- "열등감에 시달립니다. 조그만 더 자신감을 가질 수 있다면 얼마나 좋을까요"
- "뭔지는 모르지만 늘 불만스러워요. 욕구불만이 아닐까 싶어요. 툭 하면 가족들에게 짜증을 내요. 특히 남편에게는 자주 바가지를 긁지요. 괜스레 트집을 잡고 불평하다가 쉽게 자존심에 상처를 받고 통통 붓는 투정꾼이 되었어요"
- "별로 인정하고 싶지는 않지만 정말 시기심 때문에 괴롭습니다. 그런 제가 부끄럽기도 하고요"
- "허영심이 점점 더 저를 옥죄어 온답니다. 조금만 언짢아도 내 얼굴이 너무 못나고, 뚱뚱한 데다 볼품없이 느껴져요. 이러다가 더 나이를 먹으면 어떻게 될까요?"
- "원래 저는 내성적이에요. 굳이 그걸 감추려다 보니 괜한 일에 앞장서고 남자들에게 먼저 덤벼들게 됩니다. 결국은 다 달아나 버리지만요. 한편으로는 수줍고 내성적이고 다른 한편으로는 낯두껍고 외향적이란 소릴 듣죠. 한 마디로 갈피를 못 잡아요"

142

왜 이런 근심과 불만이 생기는 걸까? 우선 이런 가지각색의 감정들을 다각적으로 조명해 볼 필요가 있다. 모든 감정에는 좋은 면과 나쁜 면, 이로운 면과 해로운 면, 그리고 생활에 활기를 주는 면과 병적인 면 등으로 양면이 공존한다. 문제는 어떻게 이 양면을 적절히 뒤집고 돌려야 하는가에 있다. 특히 부정적인 한 면만이 계속해서 당신을 따라다니느냐, 마느냐는 당신의 마음먹기에 따라 달라진다.

여자와 여자 사이의 감정. 그 사이엔 왜 이토록 허다한 괴리와 불협화음이 있는 걸까? 요즘 같은 남녀평등 시대에 오로지 여자들의 감정 세계만이 제 자리를 못 찾아 우왕좌왕하는 것처럼 보일 때가 많다. 그 사이 학교성적이나 대학교육, 경제활동이나 학문 분야 등 도처에서 여자들은—특출하다고까지는 말할 수 없지만—그들의 지적인 능력을 보이고 있는데….

얼마 전에는 질리언 터너(Gillian Turner)라는 유전학자가 여성의 X-염색체가 자녀들의 지능 유전에 결정적 영향을 준다는 연구 결과까지 발표해, 아이들은 주로 어머니의 미모와 아버지의 머리를 물려받는다는 속설을 뒤집어 놓기도 했다.

신체적인 조건도 단연 여자가 남자보다 우세하다. 더 건강하고, 질병에도 강하다. 남자보다 더 오래 살고 고통도 더 잘 견디며 더 깨어 있고 컨디션에 더 민감하며 몸이 보내는 신호에 더 많은 주의를 기울인다.

이 모든 게 사실이라 해도 이런 기능을 전담하는 감정을 제대로 다루지 못한다면 감성의 위력은 전혀 다룰 줄 모르는 무기와 같이 무용지물이 되거나 심지어는 조작미흡으로 크게 해를 입을 수도 있다.

여자에게 흔히 나타나는 심인성 질환, 우울증, 알코올과 신경 안정제의 오용, 토식증이나 식욕 상실 등은 사람들이 흔히 생각하는 것보다 훨씬 더 많은 부분에서 감정과 연관이 있다.

출구 없는 고문, '죄책감'

그녀는 프랑크푸르트에서 뮌헨으로 가는 야간 항공편 내 옆좌석에 앉아 있었다. 그녀는 저녁 식사 대신 스튜어디스에게 와인 한 잔을 주문했다. 처음에 나는 그녀가 보람 있는 하루를 끝낸 뒤 느긋한 마음으로 포도주를 즐기려는 거라고 생각했다. 노트북을 몇 번 두드리더니 흡족한 한숨을 쉬고 나서 '됐어!'라고 중얼거리면서 노트북을 가방에 접어 넣었기 때문이다. 다만, 애써 만족스런 계약을 성사시킨 사람이 가질 법한 얼굴치고는 표정이 너무 어둡다는 게 이상했다.

호기심이 생기면 참지 못하는 내가 결국에 말을 걸자, 그녀가 말했다. "마음놓고 좋아할 입장이 아니거든요." "아이를 보모에게 맡기고 출장을 나와서…."

스튜어디스가 두 번째 와인을 가져왔다. 본의 아니게 우리의 대화를 엿듣게 된 스튜어디스가 약간 쓸쓸한 미소를 지어 보였다.

"같은 입장이세요?"

내가 묻자 스튜어디스가 대답했다.

"똑같지는 않지만, 몇 년 전 제 남자친구를 가로챈 여자친구에게 저주를 퍼붓곤 했었죠. 그런데 최근 그 애가 암 선고를 받았단 소릴 듣고 난 다음부터는 죄책감에 시달려요."

여자들은 죄책감을 만들어서 그걸 키우고 주입시키면서 스스로 고통을 당하는 데에는 정말 놀라울 정도의 재주를 가지고 있다. 그런 여자들은 죄책감 때문에 괴로움을 겪는다는 사실 자체로 쾌감을 느끼는 모양이다. 왜일까?

죄책감은 인간이 경험할 수 있는 가장 무겁고도 강한 압박감을 주는 감정 중의 하나이다. 죄책감을 느낄 때 특히 괴로운 것은 그런 고통을 초래한 사람이 바로 남이 아닌 자기 자신이라는 점이다. 차라리 책임을 남에게 전가할 수만 있다면 고통은 훨씬 덜 하겠지만 스스로에 대한 원망과 질책을 고스란히 혼자서 감당해야 한다면 마치 출구 없는 고문과도 같을 것이다.

후회와 수치심과 불안감을 동반하는 죄책감은 영혼과 육체에 똑같이 고통을 준다. 독일어에서도 양심의 가책(Gewissenbisse)이라는 단어는 '양심'이라는 Gewissen과 '갉아먹다'라는 beissen이 결합된 합성어이다. 사람들은 양심의 가책, 즉 낮에는 깊은 죄책감에, 밤에는 악몽에 시달린다. 사람들이 정신과나 심리치료실을 찾는 가장 흔한 이유가 죄책감이며 만성 우울증, 환각제에 의존하게 하는 주범도 바로 이 죄책감일 경우가 많고, 종종은 자살의 동기가 되기도 한다.

그런데 이 죄책감이 천연덕스럽게 우리 삶에 끼어 들어 모든 크고 작은 일에 사사건건 참견하려 든다면 어떻게 해야 할까? 마치 유디트 피오르스트(Judith Viorst)의 소설 속 이런 문구처럼 말이다.

"키우던 화분이 죽을 때마다 죄책감에 시달린다.", "바닥에 떨어진 버터 조각을 다시 주워 음식에 넣을 때마다 죄책감이 든다."

또 어떤 이는 "애인이 극장에서 엉뚱한 장면에서 웃어도 내 잘못인 것 같아 움찔해요."라고 하거나 "난생 처음 부모님과 떨어져 크리스마스를 유람선 여행을 하며 보내는 게 죄책감이 든다"고 말하는 사람도 있다.

사실 죄를 지었다는 느낌은 아주 작은 거리낌과 불편함에서부터 '내가 어쩌자고!', '내가 그렇게 치사하고 비열했다니!', '그렇게만 했더라도…', '그러지 말걸' 하는, 그야말로 발등을 찍고 싶은 후회 막심한 것까지, 그 범위가 매우 넓다.

그런데 죄책감이라고 다 나쁜 것만은 아니다. 우선 죄책감은 어떤 면에선 선과 악을 의식적으로 구분해서 악한 행위를 하지 않도록 스스로에게 경고를 주고 선하게 행동하도록 자극한다.

함께 살아가는 삶을 더욱 인간적이 되도록 교정기구 역할을 해준다. 남에게 준 상처를 다시 보듬도록 해주고, 다시는 똑같은 오류를 반복하지 않도록 해주는 데도 죄책감이 큰 몫을 담당한다.

옳고 그름에 대한 의식은 대개 4~5세 때 형성된다. 그 시기가 돼야지 비로소 무엇이 선하고 악한지 구별할 능력이 생기는 것이다. 아버지의 꾸지람이나 어머니의 눈물, 또는 맛있는 아이스크림을 못 먹게 되기 때문이 아니라 스스로 선악에 대한 독립적인 사고가 가능하다는 얘기다.

바로 이 때부터는 양심이라는 척도가 필요하다. 그래야 그 척도에 맞추어 죄책감도 긍정적으로 발달할 수 있기 때문이다. 따라서 죄책감을 인정하고, 그 고통도 어느 수준을 넘지 않게 된다. 그리고 자기 자신이 설정해 놓은 양심이라는 기준에 못 미쳤을 때에는 실망을 하고 그걸 부끄러워하지만 곧 개선하고자 하는 의지를 스스로 부추기게 된다.

그런데 외부에서 어떤 규범이 느닷없이 끼어들어서 원만하게 작동하고 있는 우리의 양심을 교란시키고 우리를 억압하려 하면 문제는 까다로워진다. 여기서 외부에서의 규범이란 교회의 교리에서부터 이웃의 쑥덕거림, 관습과 평판, 또는 유행이나 예의범절에 이르기까지 다양하며, 모두 포함된다.

초대받은 집에 들고 간 꽃다발이 다른 사람이 가져온 것보다

작아도, 아침에 침대 속에서 너무 오랫동안 게으름을 피우거나, 너무 비싼 구두를 사거나 아니면 너무 싼 구두를 사는 것만으로도 죄책감을 느끼는 경우가 바로 이런 경우다.

국가의 전체주의나 교회의 독단, 그리고 사이비 교단의 교주와 지나치게 권위적인 부모들, 모두가 상대방의 자발성을 파괴해서 그들을 통제 가능한 영역에 가두고 조종하기 쉽도록 맨처음 그들에게 불어넣는 것이 바로 죄책감이다.

죄책감은 그 종류와 이유 여하를 막론하고 너무나 고통스럽다. 때문에 쉽게 무기가 된다. 그 무기는 성능도 뛰어나 세상 어느 곳에서나 수시로 남용된다. 다른 이에게 죄책감을 불어넣는 사람도 일상이라는 작은 전쟁과 힘 겨루기에서 더없이 악랄한 무기를 휘두르는 것이라 해도 과언이 아니다.

"네가 어떻게 나한테 이럴 수 있니?"

레즈비언임을 털어놓는 딸에게 퍼붓는 어머니의 항변.

"대체 당신은 피도 눈물도 없나요?"라고 따지는 아내.

"날 버리면 죽어 버릴 거야."

사랑을 빌미로 애인에게 협박도 서슴지 않는 청년.

"이런 성적표를 들고 집에 들어오다니, 아버지가 아시면 심장마비를 일으키실 거다!" 자나깨나 근심만 풀어놓는 어머니.

"빨간 넥타이는 맘에 안 들던?" 크리스마스 선물로 파란 넥타이와 빨간 넥타이를 선물하고 아들이 파란 넥타이를 매고 나타나자 대뜸 이렇게 묻는 어머니.

죄책감이라는 감정에 불을 당기는 것은 비단 남자들만 뿐만이 아니다. 그 방면에 있어서는 여자들이 훨씬 더 능통하다면 능통하다. 여자들은 '책임 전가'라는 무기와 그 무기의 파괴력을 너무나도 잘 알고 있다는 증거다.

상대방이 데이트 약속에 늦었을 때 보란 듯이 시계를 들여다보는 사람, 손을 내밀어 구걸하는 걸인, 이 둘 모두 근본적으로는 책임 전가라는 장치를 이용해서 우리를 압박한다. 길가에 서서 차 좀 얻어 타자고 눈빛으로 애원하는 사람이나 음악회에 동행해 놓고 내내 지루해 죽겠다는 표정으로 앉아 있는 남편도 그중의 하나다.

이들의 공통점은 죄책감을 이용해서 심리적인 압박을 가한다는 것이고, 그 의도는 대부분 적중한다. 그만큼 죄책감은 손상되기 쉽고 과민하기 때문이다. 그래서 얼마나 내가 쉽게 조종당하고 상처받는지는, 사람들이 얼마나 아무렇지도 않게 남을 괴롭히는지를 보면 금새 알 수 있다. 어쩌면 그런 우리들이기에 '선량하고픈' 욕구와 이미 잃어버린 순결을 그토록 강하게 동경하고 있는지도 모르겠다. 거기에는 물론 유치원 때부터 세뇌되어 온, 착해야 사랑을 받는다는 인과원칙을 쉽사리 떨쳐 버리기 힘든 이유도 없지 않다.

그래서 책임 전가는 늘 다른 사람들에게 잘 보이고 싶고 그

들의 기대에 부합하고 싶어하는 사람, 즉 여자에게 특히 잘 먹힌
다. 딸인 동시에 어머니이자 아내인 여자들은 죄책감이 싹트고
자라기에 꼭 좋을 토양에서 살고 있다. 여자들은 가정의 행불행,
나아가 모든 인간 관계의 책임이 바로 자신에게 있다고 여긴다.
그래서 조정자 역할을 자처하고 갈등을 회피하려고 한다. 조화
를 위해 희생하고 사랑으로 모든 문제를 해결하라는 가르침이
그들의 의식 속에 뿌리내린 까닭이다.

　그런데 과연 평화와 행복은 여자하기 나름일까? 젖먹이가
울거나 고등학생인 아이가 본드를 흡입하거나 정성을 다해 간호
했던 아버지가 돌아가셨거나 남편이 하루 세 끼를 모두 찬밥으
로 때울 때 여자들은 말할 수 없이 무거운 책임감을 느낀다. 그
러면서 서서히 덫을 향해 다가간다. 이런 죄책감은 시간이 흐를
수록 고통도 비례해서 나중에는 여자들을 압도하고 육체적으로
도 나약하게 만든다. 반복되는 자책과 강박 관념이 일상 생활에
서 항구적으로 자리잡으면 심인성 질환으로 이어진다.

　죄책감을 느끼며 치른 성관계 뒤에는 방광염 발병 가능성이
그렇지 않은 경우보다 현저히 높고 재발확률도 높다는 것은 비
뇨기과 의사라면 다 아는 사실이다. 그런가 하면 피부 습진과 발
진도 사실이든 상상이든 과오를 저지른 다음에 흔히 발병하고,
무거운 책임감에 시달리는 사람은 실제로 등이 휘어지고 요통을
호소한다는 통계도 있다. 또 폭식증(暴食症)과 거식증(拒食

症), 약물 오용도 무의식적인 죄책감을 질식시키려는 의도와 무관하지 않다. 그렇지만 사실 이런 증상은 단지 죄책감만을 불러 일으킬 따름이다.

서양의 박물관에 가면 독실한 신자들이 자기 머리에 재를 뿌리며 '내 탓이오!'라고 가슴을 치는 성화들을 쉽게 볼 수 있다. 그런데 그림을 자세히 들여다보면 그들의 표정 어딘가에 오른쪽 가슴을 느긋하게 쓸어 내리며 승승장구하는 영웅적인 모습이 보인다. 참 이상하다고 느껴지지만 죄책감을 느끼는 사람들의 모순된 단면이다. 사람들은 혹시 죄책감에 시달리면서도 한편으로는 은밀하고도 무의식적인 자부심을 즐기는 것은 아닐까? 자신을 책망하고 단죄하는 행위에 일종의 품위와 가치를 부여하는 것은 아닐까? 그런 식으로 해서 뒤늦게나마 자신의 도덕성을 과시해 보려는 의도는 아닐까?

죄를 자백하는 사람들 중에 십중팔구는 자신이 가해자이기보다는 오히려 피해자이고 여러 가지 정황이 그럴 수밖에 없었노라고, 만일 그런 행위를 하지 않았더라면 더 나쁜 결과를 초래했을지도 모른다고 말하는 것이-내기를 걸어도 좋을 만큼-일반적이다. 후회와 정당화, 자신은 그 어떤 것이라도 할 수 있다는 전능에 대한 환상, 그리고 자기 연민이 복합된 감정은 만성 비양심이나 신경질적으로 진행되도록 부추긴다. 악순환의 고리가 단

152

단해지는 것이다.

하지만 뒤늦게 자기 처벌을 하거나 평생 우울하게 보낸다고
해서 이런 딜레마에서 빠져나올 수 있는 것은 아니다. 죄책감도
우리 삶의 일부임을 초연하게 받아들여야 한다. 전혀 죄책감 없
는, 그야말로 '하늘을 우러러 한 점 부끄러움 없는' 삶은 이 세상
에 존재할 수 없다. 나는 오히려 그런 결백을 내세우는 사람이
의심스럽다.

그래서 '그는 깨끗한 양심을 가졌었다. 단 한번도 그걸 써먹
지 않았을 뿐'이라고 노래한 폴란드 시인 어르지 레츠(Jerzy
Lec)의 시구가 내 귀에는 예사로 들리지 않는지 모르겠다.

혼자 되는 게 두려운, '불안'

삶의 절정에 있을 중년, 서른 아홉인 약사, 에바가 드디어 지지부진한 관계를 끌어오던 기생충 같은 남자와 결별했을 때, 우리는 모두 안도의 한숨을 쉬었다. 대중가요 작사가를 사칭한 그 실업자는 얼마든지 더 기름질 수 있었던 그녀의 삶을 황폐하게 짓밟아 놓았다. 그는 집세 분담은커녕 식당에서 밥값 한 번 낸 적이 없었다. 여러 사람이 모인 자리에서 '천박한 칼잡이과(科)'에 속한다며 약사라는 직업을 비웃었고, 나 보란 듯이 바람을 피웠다. 그러다 지난 가을 어느 금요일에는 그의 가학 행위가 극에 달했다. 그는 에바가 일하는 약국에 나타나 콘돔을 샀다. 물론 그 용도는 이죽거리는 그의 얼굴에 이미 적혀 있었다.

왜 진작에 정리하지 못했느냐고 묻자, 에바가 대답했다.

"혼자 되는 게 두려웠어요. 그래서 모든 걸 참았어요. 다시 혼자되는 것보다야 그 편이 훨씬 낫다고 생각했던 거죠."

하지만 그녀를 비롯한 숱한 여자들이 단지 혼자이지 않기 위해서 치러야 할 대가는 너무 크다. 이를 악물고 고통을 참고 숨어서 울면서도 씩씩하게 웃으며 지옥을 견뎌 내야 한다. 그뿐인가. 멸시와 홀대에도 의연해야 하고 굴욕감과 자기 비하에 길들여지고 이용당하며 때로는 매질까지 당한다. 그것이 사랑의 아픔이라고 합리화시키면서도 고통받고 있다는 느낌만은 속일 수 없다. 하지만 이 느낌마저 적극적으로 들여다보지 못하게 하는 게, 그 모든 고통이 버림받는 것보다는 낫다는 안이한 생각이다.

그리고 이런 문제는 '단지' 연인이나 남편과의 관계에만 해당되는 줄 알고 있는 게 보통이지만—한참 지난 뒤에야 깨닫게 된다—이별에 대한 두려움은 다른 영역에까지 고루 스며들어 결국은 삶 전체를 멍들게 하고 황폐하게 하는 경우가 허다하다. 이별은 언제나 아프다. 그 대상이 사람이든 습관이든 상관없이 모든 이별에는 고통이 따른다.

그런데 이렇듯 고통이 따르는 이별은 우리 주변 거의 모든 곳에서 거의 매일 이루어진다. 하루에도 수천 명 많게는 수만 명의 헤어짐이 연출되는 기차역. 그곳에서는 간혹 손끝으로 만져지고 냄새까지 맡을 수 있을 것만 같은 이별이 상주하고 있다. 사직을 할 때도 마찬가지다. 꽃이며 선물 등을 주고받는 것은 어쩌면 그 이별의 고통을 조금이라도 덜어 보고자 고안된 일종의 의식이 아닌가 싶다. 연수나 여행이 끝날 무렵 정신 없이 주소를 교환하던 일을 생각해 보라. 세상에서 제일 피할 수 없는 필연적인 고통이 있다면 그 중의 하나가 바로 이별의 고통이리라.

이별은 언제나 아프다. 아무리 명랑하고 가벼워 보이는 사람에게까지도 이별은 사무치는 후유증을 준다. 손때 묻은 곰인형을 창고에 처넣을 때, 거품 빠진 샴페인을 개수대에 따라 버릴 때, 친근하게 느껴졌던 진행자의 마지막 고별 방송을 들을 때, 몇 년을 끌고 다니던 자동차를 처분하는 것에서 가족의 죽음에 이르기까지. 이별의 아픔은 단순히 눈물을 훔치는 것에서 끝나지 않고 신경을 마비시키는 마약에 중독되거나 말 그대로 가슴이 무너져 내려 죽음에 이르는 신체적인 고통까지도 수반하는 경우가 많다.

극적인 동시에 진부한 표현이지만 우리 인생은 헤어짐의 연속이며 이것은 어쩔 수 없는 숙명이다. 가장 먼저 겪는 이별은 출생이다. 열 달 동안 목숨을 지탱해 준 탯줄이 끊어질 때 산모와 신생아는 똑같은 부담을 안게 된다. 아이가 울어대는 이유가 그 때문인지는 확실히 알 길이 없지만 아무튼 산모들이 흔히 겪는 산후 우울증은 확실히 여기에 기인한다.

그 후에도 산다는 것은 정말이지 이별의 연속이다. 솜사탕 같던 유년도 산타클로스의 정체를 훔쳐본 12월의 어느 날 밤 끝이 난다. 어쩌면 가족이 이사를 해서 학급 친구들과 헤어질 수도 있을 테고, 할머니가 병환으로 돌아가시거나 키우던 애완동물이

죽을 수도 있다.

그러는 사이 금방 학교를 졸업하고 '세상 속으로' 나아가게 된다. 그 언제인가부터 부모님은 절대 오류를 범하지 않으리라는 믿음은 자취를 감추고 첫사랑의 상처도 벌써 옛날 얘기가 되어 버린다. 마가렛 미첼의 전기를 읽고 한때는 학구열도 불태웠지만, 스스로 '인류학자의 재목'이 아님을 인정함과 동시에 아예 대학 진학도 포기할 것이다. 아끼던 빨간 핫팬츠는 딸아이 인형 옷이나 만들어 주라고 결혼한 친구에게 선선히 줘 버리면서 세월은 그렇게 흘러간다.

세월이 흐른다는 것은 노벨 화학상을 타겠다거나 적어도 가수가 되겠다는 꿈과의 결별을 의미하기도 한다. 그렇게 10년, 20년이 지나면 이제는 아이를 갖기에는 너무 늦었다는 사실을 인정해야 할지도 모른다.

아니면 또 다른 경우, 아이들은 이미 자립해 떠날 것이다. 적잖은 어머니들은 그 이별의 아픔을 찬거리로 바리바리 쌓으면서 채워간다.

작별을 고하고, 안녕을 빌고, 각자 제 갈 길로 가고, 모든 걸 내팽개치면 또다시 무언가를 시작하고 있다. 결국 이별로 끝날 것을 위해서.

그러다가 어느 날, 문득 지쳐서인지 한 가닥 통찰력이 생긴 덕분인지 우리는 더 이상 이별이나 인생의 덧없음에 맞서 싸우기를 그만둔다. 이별 없는 삶은 결코 어떠한 발전도 있을 수 없고, 아무 것도 아니라는 사실을 깨달았으므로.

하지만 이별이 우리를 이토록 힘들게 만드는 데야…. 대체 어떻게 하면 이별을 더 잘 감당할 수 있을까 하는 방법을 찾는 게 이별을 거부할 수 없는 우리로서는 최선의 대비책일 듯 싶다. '사랑을 떠나 보내고 서러워 마냥 울며 걸었네. 그렇게 골목길을 돌아보니 다음 사랑이 기다리고 있었다'는 유행가 가사를 흥얼거리든지, 아니면 잦은 이별의 고통 따위는 침입할 틈 없이 마음에 빗장을 채울 것인지 하는 선택은 당신 손에 달렸다.

그런데 문제는 사람이 한 길을 택했다고 해서 오로지 앞만 보고 살 수는 없다는 데에 있다. 어차피 뒤를 돌아다 볼 때는 이미 회한의 눈물이 앞을 가려 더 이상 선명한 시야를 가지기는 힘들 테고 말이다. 하지만 손수건을 꺼내 코를 풀다 보면 옛 것과 결별하지 않고서는 그 어떤 새로운 것이나 더 나은 것이 생길 수 없다는 사실을 직시하는 순간이 온다. 그러면 불가피한 것과 화해하고 더 나아가 전화위복의 순간이 될 수도 있다.

그렇다고 무엇이든 일회용으로 즐기라는 뜻은 아니다. 단지 부담이 되는 것과는 갈라서야 새로운 길이 열린다는 의미다. 고목에서는 마른 잎이 떨어지고, 죽은 야생 동물의 뿔은 죽은 채로 떨어진다. 불필요 습관과 비현실적인 생활목표, 그리고 낡고 진부한 시각을 과감히 떨쳐 버리자.

자기로부터 벗어날 줄 아는 결단과 변신이 필요하다. 철의 산악인 라인홀트 매스너도 정상에 이를 수 없는 상황으로 판단될 때는 과감히 하산하고, 한때 좌익 골수로 꼽혔던 이브 몽땅도 연륜이 쌓이고 사고가 무르익었을 때에는 새로이 체득한 정치적 신념으로 다시 한 번 선두대열에 섰다. 극렬한 보수주의자들이 세월의 흐름과 함께 진보 진영으로 옮겨가는 것도 자주 보는 예이다. 결코 줏대가 없지 않았던 괴테는 말했다. "변신하는 사람만이 나의 호감을 끈다."

억지와 집착을 단념할 때 오히려 예기치 않은 좋은 결과가 생기는 것을 주변에서 자주 볼 수 있다. 오로지 아이를 갖는 것이 존재의 이유인 양 수년 간 온갖 수단과 방법을 동원하다가 입양을 결심하자 임신이 되었다든가 하는 식으로….

이별의 방법은 사람마다 제각각이다. 시든 꽃을 버리는 일조차 버거울 정도로 괴로워하는 사람이 있는가 하면, 소신의 산물인 정당을 마치 팬티 갈아입듯이 바꾸는 사람도 있다.

심리분석학자 프리츠 리만은 "영속에 대한 동경은 우리 안에서 아주 일찍부터 깊은 곳에 자리잡고 있다"고 썼다. 한번 체득하고, 행동으로 옮겨 보고, 말로 뱉어 버리고, 믿어 버린 것에 대해서 열중하고 집착하는 것은 일종의 본능적인 욕구인 셈이다. 그렇지만 이것이 강박 관념으로 자리잡기까지는 먼저 행동 욕구와 모험심과 새 출발을 하고픈 원초적인 욕구가 따라야 한다는 것이다.

소같이 우직한 사람과 날뛰는 들개는 서로 이해하기 어렵고, 독선가와 회의론자의 골은 깊으며, 보수주의자와 혁명가는 서로를 경멸할 수밖에 없다. 세상의 많은 모반과 전쟁들마저도 어쩌면 이렇듯 사람마다 놓아주고 결별하는 능력이 저마다 다르기 때문에 생겨나는 것인지도 모르겠다.

이별은 사람을 환상에서 깨어나게 하고, 실의에 빠지게도 하며 한편으로는 냉철해지도록 하기도 한다. 이별의 대상들이란 어딘가 좀 우매한 구석이 있음이 항상 전제되기 때문이다. 도취와 미혹과 환상의 소지가 많다는 뜻이다. 이런 사실 직시가 처음에는 우리를 당혹스럽고 씁쓸하게 하지만 쓴 약은 늘 몸에 좋은 법이다. 그리고 이별은 대부분 우리가 생각하는 것보다 덜 고통스럽게 진행된다.

요한 고트프리트 헤르더(Johann Gottfried Herder)는 벌써 1769년에 이렇게 썼다.

"모든 이별은 사람을 둔화시킨다. 막상 이별 뒤에는 생각했던 것보다 덜 생각하고 덜 느끼게 된다."

오로지 남자에게 관심을 끌고 남자를 얻는 게 생의 목표인 양 남자들이 좋아하는 취향으로 치장했던 이미지를 과감히 벗어던지는 여자. 그리고 전혀 다른 자아상이 숨어 있을지 모르는 삶의 진정한 의미를 찾아 떠나는 여자. 얼마나 후련한 해방인가!
어느덧 자기의 일부가 된 어떤 악습을 과감히 도려내고, 마치 초
콜릿으로 만든 과자집에 들어와 무얼 먼저 먹을까 황홀한 고민
을 하는 어린아이처럼 새로운 가능성을 찾아 두리번거리는 여
자. 얼마나 신나는 일인가! 어떤 이데올로기, 선입견, 정체된 사
고라는 거추장스러운 짐을 벗어 던지는 일은 또 얼마나 홀가분
한 일인가!

오래 앓던 이를 뽑아 버리는 것만큼이나 산뜻한 이별은 새로
운 생활의 활력을 의미한다. 그래서였는가. 헤르만 헤세는 '계단'
이라는 시를 멋진 이별의 행(行)으로 맺었다.

'그래, 가슴이여! 이별을 고하고 건강함을 되찾자!'

자신을 사랑하는 힘, '자존심'

어느 날 기르던 개가 값비싼 캐비아(caviar: 철갑상어의 알을 소금에 절인 식품: 역주)를 날름 먹어 치웠을 때 나는 발을 동동 구르지 않았다. '개라도 맛있게 먹었으면 그만이지!'. 누군가 자동차의 범퍼를 박아 놓았을 때도 길길이 뛰지 않았다. '고치면 그만이니까'. 그러나 몇 해 전 사랑하는 그가 코르시카 섬에서 가져다준 말린 마로니에 열매가 없어졌을 때는 주저앉아 통곡했다.

무엇이 가치 있고 가치 없느냐는 사람마다 다르다. 다시 말해 매우 주관적이고 개인적이며 은밀한 동시에 다분히 임의적이다. 그럼에도 어떤 사물을 볼 때 그 가치에 대한 느낌은 확실히 우리의 삶 전체를 결정짓는다. 이 일이 매달릴 만한 가치가 있는가? 그 남자는 하룻밤 같이 보낼 만한 가치가 있는가? 이것을 택할 것인가 포기할 것인가, 할 것인가 말 것인가를 저울질하지 않고 지나는 날은 단 하루도 없다.

대개는 세월이 흐르고, 나이를 먹어감에 따라 무엇이 내게 유익하고 해로운지 감지할 수 있는 우리의 감각도 더불어 발달한다. 나에게 잘 맞는 색깔에서 나의 이해를 가장 잘 대변해 줄 수 있는 정당 고르기에 이르기까지, 그리고 곁에 둬서 좋을 친구와 직업을 선택하고 평가하고 중요도를 측정하는 데에 자신감과 확신도 생긴다.

좌절과 성공, 눈물과 환호가 거듭된 학습, 인생의 경험, 그리고 육감이라는 것들에 의해서 취향은 더욱 분명해지고 목표도 확실해진다. 그런데 이상한 것은 그 대상이 외부가 아닌 바로 나 자신이 될 때는 직시와 통찰력, 감정이나 감각 등이 좀처럼 민첩하게 움직이지 않는다는 점이다. 특히 여자들의 경우는 더욱 그렇다. 우리가 어떻게 태어나고 만들어졌는지에 너무나 무관심하다. 어쩌면 앞으로 족히 4, 50년은 온갖 크고 작은 일을 감당해야 할 내 인생의 주체에 관한 것임에도 불구하고 너무 안일하다.

직업상 환자를 다루는 요령, 골프를 칠 때 느껴지는 공에 대한 감각, 복잡한 사업상의 문제를 풀어 나가는 섬세한 감각은 여자라고 별로 뒤처질 게 없다. 오히려 이성 문제에 있어서는 더욱 풍부한 감성을 발휘한다. 다만 자존심 앞에서는 주저하고 우물거린다. 하지만 어쩌다 용기를 내어 자기 가치 평가를 감행한다 하더라도 처음엔 그저 불확실하기만 하던 것이 아주 빨리 자신을 완전히 몰락한 존재로 느끼도록 몰고 갈 수 있다.

그 다음에는 활발한 자체 역학이 일어난다. 이때 자아상이 선명하지 않은 사람은 자기도 모르게 종종 막다른 골목으로 몰리기도 한다. 결국 자아가 정체되면 세심한 자기 성찰을 쉽게 포기해 버리고, 완전히 부정적인 시각을 갖게 된다.

근본적으로 자기에 대해 부정적인 시각을 가진 사람은 자기 자신을 들여다보아야 실망할 게 뻔하니까 아예 시도조차 않는다. 대립과 갈등보다는 체념 쪽이 편하기는 누구나 마찬가지다. 만일 일말의 자기 가치 평가 욕구가 불쑥불쑥 고개를 쳐든다 해도 대충 눈감아버리기 일쑤다.

그런 사람들이 따로 있는 게 아니다. 나를 포함해서 주변에 얼마든지 있다. 의기소침하고 수치심도 별로 없고 무기력하고 의협심도 없는 사람들…. 대부분 우리가 마주치는 사람들이다.

행동거지도 꽤 신경을 쓴 탓에 다소 작위적이기까지 하다. 대개 자기를 비하하고 무가치하게 여기는 사람들이 굳이 그런 식으로 다른 사람들의 관심을 끌려고 할까, 의아해하겠지만 실상은 그렇지 않다. 오히려 자존심이 결여된 사람일수록 주위에 끊임없이 자신의 결함을 알리는 성향이 강하다. '난 재수가 없다! 난 죽었다 깨나도 못하고 앞으로도 못할 것이다! 아무도 나를 사랑하지 않는다! 나는 못났어! 쓸모 없는 인간이야! 자포자기만 남았다!'

이런 식으로 상태에 대한 일종의 책임을 교묘히 주위에 떠넘긴다. 잘 나가는 사람, 힘있는 사람들이 던져 놓은 그림자에 갇혀 빛을 볼 수 없다는 것이다.

또 이런 사람들은 굴곡, 은폐되고 억압된 내면에서 자신들의 결함을 들먹거리며 남에게 심리적 부담을 주고, 그 표현 방법도 거슬리고 끈질기다. 끊임없이 위로 받기를 원하고 그것이 여의치 않으면 남의 자존심을 건드리거나 기분을 상하게 하는 일도 서슴지 않는다.

이럴 때는 주변에 아무리 자존심이 강한 사람이 있다 해도 도움이 되지 못한다. 오히려 자존심이 결여된 이들에게 줄 힘마저 그들 곁에 있기 때문에 소진되거나 그들의 파괴적 성향만 부추기기 쉽다.

스스로 자존심이 결여된 사람들에 대한 외적 묘사는 이쯤으로 해두자. 그렇다면 이것이 과연 이들의 진짜 모습일까? 그렇게 단순한가 하면 유감스럽게도 그렇지는 않다.

자존심이 강한 여자도 감정의 내습과 붕괴를 느끼고 회의와 열등감에 시달릴 때가 많은 걸 봐도 그렇다. 수시로 무력감의 수렁에 빠지거나 주체성을 잃고 연민의 늪에 가라앉는 것은 자타가 인정하는 투사나 승자도 마찬가지다. 애인에게 버림받았을 때, 시험에 낙방했을 때, 만성질환에 걸렸을 때, 막강한 재력 앞에서, 미인 옆에서, 아니면 팔팔한 젊음 앞에서. 혹은 그저 막연하거나 아예 이유도 없이 그런 순간이 찾아온다.

게다가 자존심이란 매우 민감한 것이어서 언제든지 상처받고 아주 사소한 일에도 움츠러들 수 있다. 그것이 반복되다 보면 처음엔 꺾이고 고개 숙이던 자존심이 아주 똑 부러지게 된다.

그렇다면, 방법이 없을까?

물론 있다. 이 연약한 자존심이라는 식물을 건강하게 키우는 방법이 있다. 그것은 주입이 아닌 연습과 훈련을 통해서만 가능하다. 상사의 말 한 마디나 남편의 외도 때문에 그 동안 쌓아온 심리체계가 와르르 무너지지 않도록 저항력을 키우고 단련시키자.

수긍하기 어렵겠지만 사실 우리 자존심은 다른 사람들 중 어느 누구의 의도나 주관적 생각하고는 아무런 관계가 없다. 자기를 기만하고 떠나 버린 남자의 그것과는 더더욱 무관하다. 무엇보다 실연으로 인해 자존심을 크게 다치고 아파하는 사람들에게 이 말을 해주고 싶다.

만일 사귀던 남자가 떠났다면 그건 순전히 그의 일이고, 그의 문제다. 물론 그 때문에 남아 있는 사람이 고통을 받는 건 사실이다. 그러니까 사랑하는 누구를 잃었다는 상실감에는 아파해도 괜찮다. 그러나 나 자신의 가치를 놓고 회의하는 것은 금물이다.

나의 가치는 다른 어느 누구를 통해서 얻어지는 게 아니다.

다른 사람은 단지 거울에 불과할 따름이다. 각자의 자존심을 지닌 개체에 달린 거울.

남녀 관계에서 성공하는 비결은 서로 하나가 되는 게 아니라 자신의 기준에 똑바로 서는 것이다. 자기의 기준을 정했다면 그에 준한 행동을 하도록 해야 한다. 그리고 자기 본연의 척도와 요구, 신조와 취향, 그리고 자신의 감정에 위배되는 행동을 했을 때는 자존심이 엄청 상한다 해도 어쩔 수 없다.

자신을 존중하는 사람이라면 타당한 이유 없이 스스로를 희생시키지 않는다. 개성도 포기하지 않는다. 또 이런 사람은 일이 그릇됐을 때 죄책감보다는 온갖 허물이 있는 자신을 있는 그대로 인정한다. 자기를 사랑한다는 점을 높이 산다.

나에 대한 사랑!

그건 느낌과 행동에서 일종의 현상으로 표출된다. 자기를 좋아하는 사람은 그에 적절한 동기를 제공한다. 있는 그대로이든, 의식적이든 무의식적이든 모든 감정을 동원해서 그렇게 한다. 스스로 사랑받을 가치가 있다고 여기는 사람은 자기를 사랑스럽게 표현하고 사랑받도록 행동한다. 이러한 동기와 신호는 타인에게 해독되고 수용된다. 그 결과 자기를 사랑하는 사람은 다른 사람들도 그를 좋아하고 존중해주는 사람이 되는 것이다. 그래서 환경은 언제나 스스로 만든다는 말이 나온지도 모르겠다.

중세 작가 게오르크 크리스토프 리히텐베르크도 이미 이 점을 간파한 사람 중의 하나였다.

"부드럽고 온유하고 착한 소녀가 거울 앞에 서서 더 예쁘다고 생각할 때, 소녀는 점점 더 부드럽고 온유하며 착해진다"

역으로 다른 사람들에게 호감과 신뢰를 얻고 인정받는 사람은 실제 다른 사람들이 바라는 그 모습대로 변화되어 간다. 심리학자들은 이를 가리켜 '자체로 실현되는 예언(Selffulfilling prophecy)'이라고 이름지었다. 즉 행동과 반응의 연결고리가 형성되어 긍정적인 행동을 더욱 촉진시키고, 이것은 다시 자아 강화를 유발시킨다는 뜻이다. 말하자면 그 유명한 심리분석가 아브라함 마슬로프가 주장한 것처럼 '행동의 변화가 인성의 변화를 가져온다'는 얘기다.

적당한 자기애(自己愛)를 가지고 길을 떠나면 건강한 자아존중이라는 목표에도 좀 더 쉽게 도달할 수 있다. 그리고 일단 자아존중이라는 작은 목표에 도달하고 나면 곧장 자체 효력을 발휘하기는 매우 쉽다. 때문에 '믿음이 커다란 산을 옮겨 놓는다'는 성경 구절도 일리가 있으며 '나를 온전히 신뢰하는 사람을 능가할 수 있다'고 한 동양의 현자의 말도 옳다.

그렇지만 비현실적인 이상에 대한 망상은 단지 헛걸음만 하게 할 따름이다. 심지어 사회학자 크리스티네 뵈슬러 드 파나퓨(Christine Woesler de Panafieu)는 이렇게 말했다.

"자기 자신에 대해 만족하지 않는 사람, 특히 자신의 신체 외모나 직업, 의상과 몸놀림 등에 대해 만족하지 않음으로써 여자들은 자기 이상 속에 과장된 상상의 왕국을 지어 놓는다."

망상은 또 다른 새로운 불만을 자극한다. 그래서 있는 그대로를 받아들이고 사랑하는 법을 잊게 한다. 나를 자세히 들여다보라! 얼마나 아름다운가. 비록 쌍꺼풀 없는 눈이지만 맑고 부드러우며 남들이 다 놀랄 만큼 화려한 경력을 갖지는 못했지만 그래도 봐줄 만하지 않은가!

인간이 지닌 열두 가지 기본 욕구 중에는 나를 확인하고 인정받고 싶은 욕구가 있다. 그래서 스스로 당당하지 못하고 전전긍긍하며 죄책감과 불안감에 사로잡힌 사람은 자기 자신에게 이중의 상처를 입히는 꼴이다. 결핍 신드롬에 시달리며 고통스러워하는 것과 자신의 영혼이 줄기차게 외치고 갈망하는 기본 욕구가 충족되지 않는다는 점에서 그렇다.

인생을 음미할 줄 알았던 괴테는 인간의 열두 가지 기본욕구니 감성이니 하는 용어가 생겨나기도 전에 이렇게 노래했다.

"영혼의 안식은 아름다우며, 그 자체로 기쁨이어라."

주변을 악취로 오염시키는, '투정'

종 종 여자들의 우아함과 기품을 흐트러뜨리는 애물이 하나 있다. 그것은 변덕이라는 것이다. 악의에 차서 변덕이라는 단어를 떠올렸을 때 가장 먼저 연상되는 것은 투정하는 여자의 모습이다.

여자들은 왜 남자들에게 경멸의 눈총을 감내하면서까지 투정을 부리는 것일까? 정면충돌이 싫어서? 좌절감 때문에? 아니면 습관적으로? 그도 아니라면 투정을 하고 흠을 들추어내면서 느껴지는 은밀한 쾌감이 좋아서?

나는 여기서 여자들이 종종 남자들을 비꼬는 투로 빈정대는 것을 말하려는 것이 아니다. 그럴 때 여자들은 매우 까다로워지고 무자비해진다. 귀는 밝아지고 눈은 날카로워진다. 말도 남자들보다 유창해진다.

하지만 여자들은 불만과 언짢음을 표현할 때는 투정을 이용한다. 결혼과 애정 관계를 짜증나게 하는 이러한 행동은 누구나 알고 있듯 상황을 개선시킬 수는 없다. 오히려 상대를 침묵하게 하거나 대화를 차단하는 등 관계를 악화시킬 뿐이다.

악처에 관한 이야기가 아니다. 우리를 답답하게 하는 투정꾼에 관한 이야기다.

늘 후회하고 슬픈 표정으로 모든 즐거운 일에 찬물을 끼얹는 투정꾼과 영원한 염세주의자. 이게 바로 우리 자신의 모습이라면 믿어지는가?

우연일까? 독일어에서는 '투정하다(muffeln)'는 '곰팡내가 나다'라는 말과 동음이의어이다. 우연이라면 참 재미있는 우연이다. 그런데 더 재미있는 건 투정꾼에서 정말로 곰팡내가 난다는 사실이다. 그것도 아주 역겨운 곰팡내가…. 그런 사람은 주변을 악취로 가득 채운다. 게다가 전염성마저 대단하다. 불만투성이 투정꾼과 함께 저녁이라도 먹은 날은 퀴퀴한 냄새가 옷에 배어 밤새 베란다에 옷을 걸어 통풍이라도 시키지 않으면 안 될 정도다.

살다 보면 이따금씩 슬프고 울적할 때도 있다. 어디선가 은행이 털렸다는 뉴스만 보아도 우리들은 알게 모르게 공동 죄책감이라는 걸 경험한다. 사적인 일은 더욱 그렇다. 지나치게 폭식을 하거나 운동량이 너무 부족할 때도 우리에겐 자기비난이라는 단계가 일시적으로 찾아온다. 내가 말하는 것은 물론 이런 감성의 혼란이 아니다.

습관처럼 빠지는 자기 회의와 우유부단함, 작은 일에도 이리 재고 저리 재는 소심함 등 간단히 말해 만사를 비관적으로 보는 태도다. 그리고 이런 사람은 의외로 아주 많다. 늘 권태롭고 언짢고 세상과 자기 신세를 한탄한다. 이런 염세주의자들의 눈에 닿으면 그것이 무엇이든 어김없이 흠이 잡히고 만다. '이 험한 세상에' 아이를 내놓을 수 없으며, 내일 세상이 망할지도 모르기 때문에 더 이상 사과나무를 심지 않겠다는 논지를 편다.

자기 자신은 물론 다른 사람들과 세상 모든 폐단만 들쑤시는 이런 사람들에 대해 단호하고 냉정해져야 한다. 왜? 그들이 하는 일이라고는 그 이상도 이하도 아닌, 그것이 전부이므로.

염세주의자들의 끝없는 비판과 경고와 망설임은 이런 폐단을 제거하거나 개선하기보다는 우선 회피하고 보려는 안일한 발상에서 나온 장치 이외에 아무 것도 아니다.

독일어로 투정꾼은 jammern(투정하다)와 Lappen(걸레)를 붙여 Jammerlappen(얌머라펜) 이라고 하는데, 아주 절묘한 합성어인 듯하다. 정말로 투정꾼은 짜지 않은 걸레와 같다. 오물을 닦아내기는커녕 더러운 부위만 넓게 번지게 하는 걸레 말이다.

주변에 언짢은 표정을 하고 있는 여자가 있다면 자세히 한

번 들여다보아라. 금방 두 가지 유형을 발견할 수 있을 것이다. 하나는 죄책감에 싸여 자책과 자기 연민을 오가는 자기 비판형과 또 다른 하나는 이 세상의 모든 악과 부조리를 꼬집지 않고는 못 배기는 불평형이다. 단, 이 둘은 모두 성가신 존재라는 점에서는 똑같다.

자기 비판형 여성은 근본적으로 교만한데, 아주 교묘한 방법으로 남들의 호의와 용서와 심지어는 찬탄까지 얻으려고 한다. 그들도 그런 자기 모순을 잘 알고 있다. 하지만 달라지지 않는다.

"우리는 너무 쉽사리 자신을 탓하려고 한다. 아무도 동의해 주지는 않을 거라는 전제 하에."

이미 1900년경 작가 마리에 폰 에브터 에셴바흐(Marie von Ebner Eschenbach)는 여자들을 이렇게 예리하게 꼬집었다.

반면, 불평형 여성은 대개 그들이 불평하고 비판하는 대상을 개선시키는 데 기여하기보다는 더 나쁘게 만든다. 어디서나 느낄 수 있는 일상적 폐단에 불평이 더 추가되기 때문이다. 그러면 그 불평불만은 더 깊어지고 날카로워지는 악순환이 계속된다. 처음부터 자기와 세상이 얼마나 잘못됐는가를 계속해서 부르짖는 사람이 고의든 아니든 갑자기 돌변해서 세상이 살 만한 가치가 있다고 할 가망은 전혀 없다. 오히려 상황을 악화시키고 행동도 파괴적으로 발전한다. 그도 그럴 법한 것이 새로운 불평거리

를 만들려면 달리 무슨 도리가 있으랴. 이처럼 이런 사람들은 세
상을 해치는 데 불행하게도 한몫 한다.

이 논리는 거꾸로 적용될 수도 있다. 긍정적인 사고는 일상
생활과 심리, 치료 또는 질병 치료에 큰 효력을 발휘한다는 것인
데, 심지어 여기에는 자의식 조장도 포함된다. 처음에는 그 작
위성이 느껴지지만 그것이 반복되다 보면 얼마 안 가 그것이 참
된 자의식으로 굳어진다는 것이다. 그래서 결국 그 모든 회의와
불안감을 진정으로 떨쳐 버리고자 분투한다면 어느 순간, 자신
이 이제껏 정말 쓸데없는 고민을 해왔음을 깨닫게 된다.

감성지수가 높은 여자들한테 나타나는 긍정적 생활 태도는
신기한 자체 역학도 가능케 한다. 성실하고 진취적으로 살아가
는 사람은 스스로를 굳건하고 강인하다고 여긴다. 스스로 이렇
게 생각하는 사람은 다른 사람들에게도 그렇게 인식되는데, 이
런 인식이 실제로 굳건함과 강인함을 발달시켜 준다.

반면에 지나친 죄책감이나 사람을 주눅 들게 만드는 수치심
은 계속해서 더욱 더 커다란 불안감을 조성한다. 자기 혐오의 원
천이 되는 이런 감정들은 사람을 뒤틀리게 하고, 둔화시키며,
영적으로도 추하게 만든다.

아브라함 마슬로프(Abraham H. Maslow)는 '건강한 사람'
을 이렇게 묘사했다.

"건강한 사람은 자신의 인간적 본성과 그 한계를 분명히 인

정할 줄 안다."

마슬로프가 말하는 '건강한 사람'은 자신의 나약함과 죄악, 혹은 약점이나 결점에 전전긍긍하지 않고, 오히려 그것을 자연의 순리인 양 느긋하고 이의 없이 받아들인다.

여기서 불평이나 수치심 또는 핑계 없이 즐거운 삶을 살자는 말은 '되는 대로' 살자는 얘기하고는 엄연히 다르다. 그것은 긍지와 강인함, 주어진 자기 삶에 대한 감사에서 나올 수 있는 생활 태도이기 때문이다. 반면에 매사 끊임없이 스스로에게 불만을 갖고 살아가는 사람은 종종 그런 사람들이 생각하는 것처럼 모든 이치를 꿰뚫어보는 현자가 될 수는 없다. 차라리 그 반대일 경우가 많다.

"있는 그대로의 자신이 아닌 다른 무언가를 기대하는 자는 저급하다."고 말한 시인 프리드리히 게오르크 윙어(Friedrich Georg Junger)의 말처럼.

미국의 인기 코미디언 그루초 막스(Groucho Marx)는 매일 저녁 이렇게 기도한다고 한다.

"어제는 내가 태어나기 전이고, 내일이면 난 죽고 없을 것입니다. 오늘 나의 인생이 이토록 아름다운데 무얼 원망하겠습니까?"

매력적인, 때론 추한, '시기심'

언제 시기심을 느끼는가? 혹 누군가가 부럽지만 그 사실을 숨기고, 그 때문에 더욱 괴로웠던 적은 없는가? 한껏 다른 사람들에게는 시기심을 부추기고 그 때문에 부끄러워 해본 적은 없는가?

시기심은 분명 피해야 할 감정이긴 하지만 때로는 매력적이고, 일부분은 권장할 만한 면도 있다. 시기심은 많은 '복합적인' 감정들, 예컨대 질투심 같은 감정의 기본 요소가 된다. 그런 시기심은 때로 '노랑'에 비유되기도 하지만(서양의 색체론에서 노란색은 질투와 시기를 상징한다. 히포크라테스가 구분한 인간의 네 가지 체액 중 쓸개즙의 노란색과 연관이 있다 : 역주), 알고 보면 이 시기심 속에는 아주 다양하고도 모호한 색깔들이 숨어 있다.

"왜 사람들은 여전히 파티, 리셉션 같은 것들을 만들고 그런 곳에 쫓아다닌다고 생각해?"

얼마 전, 어느 술집에 모여 앉은 세 여자들 가운데 누군가 이렇게 질문했다.

"나는 순전히 사디즘(sadism) 때문이라고 생각해. 가학 심리 말이야! 다른 사람들의 시기심을 유발시키고 싶은 거겠지."

그들 중 그런 쪽에 경험이 많아 보이는 여자가 말했다.

쓸쓸하지만 그녀의 이 발언 속에는 따끔한 진실이 들어 있다. 사실 여자들은 새로 보석을 샀거나 다이어트에 성공했거나 혹은 애인이 생겼을 때 사교적이 된다. 직장에서 승진을 했거나 어떤 시험에 막 붙고 나서는 확실히 이전보다 사람들이 모인 장소를 더 자주 찾게 된다. 물론 개중엔 그냥 기분이 내키고 기회가 닿아서 그럴 수도 있다. 하지만 분명한 것은 방금 해고당한 여자, 실연 당한 여자들은 절대로 모임에 나가지 않는다는 사실이다.

승진과 새로 산 자동차와 애인을 내보이고, 아니 더 솔직하게 말해서 '자랑' 하고 싶은 것이다. 내 '기쁨을 남과 함께 나누기' 위해서라는 이유는 별로 설득력이 없다. 대개는 '모두 한 번 부러워해 봐라!'는 심리가 늘 조금씩 개입되어 있다.

그런데 요즘 여자들은 새로운 종류의 시기심을 경험하고 있다. 예전에는 3캐럿 다이아몬드 반지, 공부 잘해서 대학에 척척 붙는 아이들, 혹은 예쁘게 지은 전원 주택을 가지고 다른 여자들의 호기심을 끓어오르게 했던 여자들이 이제는 전혀 다른 곳에서 전혀 다른 사람들의 노골적인 부러움의 대상이 된 것이다. 자의식과 주체성, 게다가 자유와 능력을 가진 여자들을 시기하는 남자들이 점점 늘고 있다는 얘기다. 높은 급여와 승진, 명예와 인기, 때로는 권력에 이르기까지 이 모든 것이 이제는 더 이상 남성들의 전유물이 아니기 때문이다.

그런데 정작 부러움을 사고 있는 그 여자들은 남자들 앞에서 어떤가? 한 마디로 굴종한다. '설마…' 하면서도 그런 소수의 여자들이 금새 우리에게 떠오른다는 것 자체가 문제다. 조금이라도 자기 주장을 당당하게 하고, 자기를 드러내 보이면 보통 여자들과 구별되고 튄다는 것이다. 여기서 말하는 보통 여자들은 되도록 상대방의 시기심을 불러일으키지 않도록 조심한다. 알아도 모르는 척하고 시종일관 요조숙녀다운 몸가짐을 미끼로 남자가 걸려들기만을 기다린다. 여기에 최대의 장애물은 바로 시기심이므로 상대방이 낮은 연봉이나 승진을 못하는 것 때문에 괴로워하지 않도록 자기를 낮추는 연습까지 한다.

대체 왜 이래야만 하는가? 왜 여자들은 자기 월급으로 지은 보약을 도둑 밥먹듯 몰래 먹어야 하는가?

나를 위해 밥상을 차리자!

다른 사람들의 시기심 때문에 괴로워하는 사람은 이미 오래전 아이스킬로스(Aischylos)란 사람이 깨달은 사실을 음미해 볼 필요가 있다.

"남의 시기를 사면서 변신하지 않는 사람은 부러워할 만한 가치가 없다."

이제는 남자들을 자극하자. 그들의 불난 시기심의 아궁이에 부채질을 하자. 여자라면 누구나 그들의 부러움의 대상이 되고도 남는다. 아무리 자신을 인생의 패배자로 굳게 믿고 있는 여자라도 분명 누군가의 시기심을 부채질할 만한 무언가를 가지고 있을 것이다.

그렇다면 우쭐대며 심술을 부리고, 자랑을 늘어놓으며 남을 약 올리는 사디스트가 되자는 말일까?

여기서 주의해야 할 것이 있다. 월트 디즈니 만화 영화에서 시샘 많은 도널드 덕을 한 귀퉁이로 몰아넣고서 깔깔거리며 좋아하는 구피가 될 때, 우리는 두 가지 사실을 간과할 수도 있기 때문이다.

첫째, 시기하는 사람을 보고 즐기는 것이, 행복 그 자체가 될 수는 없다(행복 그 자체란 순수한 즐거움, 동물적인 안녕, 고유의 기쁨이다)는 점이다. 행복은 그렇게 쉽사리 주고받을 수 있는 게 아니다. 그래서 내가 행복하다는 것을 알리기 위해 꾸미는 이런저런 방법은 오히려 위세일 경우가 더 많다.

"인기는 한밤중에 나를 푸근하게 감싸주지 못해요."라고 말한 마릴린 먼로의 말이 아니더라도 남에게 시기심을 불러일으켜서 맛보려는 행복감은 깨지기 쉬운 유리처럼 불안하기 짝이 없다.

또 심리학자 아르노 플라크(Arno Plack)는 그의 저서 《거짓 없는 삶》에서 "묻지도 않았는데 '나는 내 직업에 정말 만족해요' 라거나 '우리 결혼 생활은 너무 행복해요'라고 말하는 사람들이 있다. 흔히 이런 사람들에게는 다른 사람들을 자극해서 그들의 시기심과 자신을 가학성을 즐기고 싶어하는 정서적 결함이 있는 사람들로, 정신과적 치료가 필요하다."고까지 했다.

둘째, 그러한 행동이 뜻밖의 효과를 낳기도 한다는 것이다. 자기를 부러워하면서 침이나 흘리기를 바랐던 의도와는 달리 어이없게도 상대방에게 좋은 자극으로 작용하는 것이다. 처음에 사람들은 시기심에 귀가 쫑긋해지고, 눈에서 불이 나고 상대에 대한 적개심이 생긴다. 그러나 그 과정이 지나면 어느 순간, 자신을 비롯한 주변 상황을 바꾸어야겠다는 생각으로 발전한다.

그래서 만들어진 역사상 굵직한 해방 운동이나 수많은 영웅의 예는 아주 많다.

시기심은 천의 얼굴을 가지고 있다. 식탐, 자식탐, 형제간의 부모 사랑 차지하기에서 라이벌 의식, 경쟁심, 시합과 전쟁에 이르기까지. 어쩌면 시기심이라는 감정이 없었다면 우리 역사의 바퀴는 굴러가지 않았을지도 모른다. 구약성서의 카인과 아벨에서 백설공주와 계모를 거쳐, 최장 방영에 높은 시청률을 기록하는 텔레비전 연속극의 주요 테마도 모두 시기심에서 기인한다.

시기심은 형태도 가지각색이고 상당히 주관적이다. 키 작은 여자는 키 큰 남자를 좋아하고, 눈 큰 남자는 눈 작은 여자를 좋아한다. 기혼자는 독신을 부러워하고, 독신은 기혼자를 부러워한다. 일찍이 많은 형제들 속에서 부모의 사랑과 음식을 차지하기 위한 투쟁법을 배운 사람은 그렇지 못한 사람보다 성취동기가 높다. 시기심에 있어서는 남자들이라고 조금도 다를 게 없다. 옆 집 남자의 스포츠카, 머리숱 많은 사람을 부러워하기는 그들도 똑같다.

이런 시기심은 동료애로 뭉쳐야 할 직장까지 여지없이 찾아와 문을 두드린다. 특히 예술가, 대학교수들, 소위 잘 나가는 배우들 세계를 들여다 보라. 서로 헐뜯고 조금 더 올라가려고 안달이다.

끝으로 아주 특별한 종류의 시기심이 있다. 바로 나 자신에 대한 시기심이다! 이 시기심이 특별하다는 이유는 공공연히 드러나지 않기 때문에 마치 존재하지 않는 것처럼 보인다는 데에 있다. 자기가 저지른 해악과 패륜을 떠벌리는 사람은 있지만 자기에게 시기심이 있다고 터놓고 자랑하는 사람은 별로 없다. 그래봤자 좋은 인상을 받기는 어려우며 만일 대인 관계에서 그것이 드러날 때에는 언제나 백해무익하다.

그렇다면 그런 시기심을 감추기에 급급하기 이전에 누가, 어느 때에 시기할 가치가 있는가를 정확히 짚고 넘어갈 필요가 있다. 쇼펜하우어는 말했다.

"행복해지기 위해서 얼마나 많은 궁핍과 고통이 필요한지를 확실히 아는 사람은 다른 사람의 행복이나 불행을 부러워할 게 없다는 것을 잘 안다."

그러고 보면 시기심은 한낱 부질없는 것이다. 우린 누구나 때에 따라 불행하기 때문이다.

거울 앞에서의 표정, '허영심'

인간의 감정 중에 허영심만큼 논란의 대상이 되는 감정도 별로 없다. 아울러 허영심만큼 구구하고 다양한 정의가 따라다니는 감정도 드물다. 그런데 예나 지금이나 허영심의 대명사는 여자다. 하지만 허영심이 '자기애'나 '잘 보이고픈 욕구'를 뜻하는 것이라면 그 대상에서 남자도 예외가 될 수는 없다.

그밖에 교만이나 겸손 역시 그 배후에는 허영심이 도사리고 있을 수도 있으며, 심지어는 사회적으로 높이 평가되는 좋은 성향, 예컨대 희생정신 같은 것의 저변에도 허영심이 숨어 있을 수 있다.

여기에 대한 견해도 천차만별인 것은 다음의 위대한 두 사상가의 말을 빌어 보아도 알 만하다. 즉, 17세기의 쟝 들라브뤼에 (Jean de la Bruyere)는 악덕과 미덕, 그리고 감정에 대해서 날카로운 일침을 가했다.

"거짓 겸손은 허영심의 극치에서 나오는 교활함이다. 이런 겸손은 허영심으로 똘똘 뭉친 자기를 은폐하고 자신의 실체인 악덕 대신 미덕을 과시하기 위한 장치에 불과하다. 그러니까 그는 거짓말을 하는 것이다."

그런가 하면 19세기 시인 고트프리트 켈러(Gottfried Keller)는 이렇게 주장했다.

"고상한 생각을 할수록 인간의 허영심은 증폭된다. 그리고 허영심은 이런 고상한 생각들에 웬만해서는 생기지 않는 완강함까지 더해준다."

명백한 것은 톨스토이(Tolstoi)가 말했듯이 "허영심 없는 삶이란 거의 불가능하다!"는 것이다. 자, 그렇다면 이런 허영심으로 가득 찬 인간의 주요 소품인 거울의 그 속과 이면을 들여다보자.

이 장면은 여러분도 보았을 것이다. 레스토랑에서 동행한 애인이 웨이터와 이야기를 주고받는 사이 잽싸게 나이프에 이를 비춰보는 여자. 또 카페에 앉아 있는데, 길을 걷다가 우뚝 서더니 반투명 유리에 코를 박고 갖은 표정을 연출해 보이는 여자. 그 안쪽에서는 다 보인다는 사실도 모르는 채.

여기서 공통점은 남이 보지 않거나 최소한 남이 안 본다고 생각될 때 거울을 본다는 점이다.

사람들은 왜, 몰래 거울을 보는 것일까? 거울을 본다는 것은 자기에게 관심이 있다는 증거다. 더구나 거울을 들여다보면서 흔히들 그렇듯 흡족한 표정까지 지어 보이면 쑥스럽고 천박해 보일 거라는 어리석은 편견, 즉 허영심을 들키는 거라고 생각하기 때문이다.

반면 거울을 들여다보는 남자들의 심리는 대부분 자기애와 남에게 잘 보이고 싶다는 데에 있다. 매일 하는 면도도 좋은 구실거리다. 거울을 보는 남자들을 한 번 관찰해 보라. 그들이 어떤 특이한 표정을 짓는지 말이다. 온몸을 쭉 펴고, 나온 배를 밀어 넣고, 유혹적인 눈빛이나 위압적인 표정을 연습하고 대체로 좀 으스대는 몸짓을 취하는 게 보통이다. .

그러나 우리에게는 이런 그들의 허영심을 손가락질할 근거가 없다. 오히려 이것들을 역으로 이용할 수는 있겠다. 면도할 때뿐이 아닌 남자들의 전반적인 허영심에 대해서 지적한 여류 시인 마리에 폰 에브너 에셴바흐(Marie von Ebner-Eschenbach)처럼.

"남자에게 허영심이 없었다면 여자들은 어디서 힘을 발휘했을까?"

그런데 여자들은 다르다. 대개 자기를 가다듬기 위해서 거울을 본다. 가까이 얼굴을 갖다 대고, 어떤 때는 두 개를 가지고 옆모습, 뒷모습을 보느라 안간힘을 쓰기도 하면서 모양새를 점검하고 고친다. 그래서 여자들에게 거울은 도구다.

그렇다면 거울을 보는 사람의 내면에서는 실제로 무슨 일이 일어나는 걸까? 심리학자들은 사람이 거울을 들여다보는 이유는 아주 다양하다고 말하는데, 사람과 거울과의 관계를 이렇게 설명한다.

예컨대 어린아이는 두 살이 되어서야 비로소 거울 속의 자기를 알아본다. 이 경험은 그 아이가 살아가면서 자화상을 만들고 자아에 대한 감정을 방해받지 않고 발달시키는 데 대단히 중요한 역할을 한다. 혼자 거울 앞에서 기괴한 춤을 추고 별의별 표정을 다 짓기 시작한다.

자의식이 덜 발달된 사람은 자기가 여전히 살아 있는지 확인하기 위해서 거울을 들여다보고, 거식증 환자는 거울 속의 자신이 너무 뚱뚱하다고 여기며, 고독한 사람은 거울 속에 비친 자기와 대화를 나누기도 있다.

또 거울 보기를 꺼리는 사람은 허영심이 없고 겸손해서라기보다는 자기 자신과의 대면과 대질을 견디지 못하는 노이로제 환자일 경우가 많다.

공연장 대기실이나 공중 화장실의 거울 앞에 선 사람들을 한번 관찰해 보라. 대부분의 사람들이 거울 속에 있는 그들의 또 다른 자아를 대하는 태도가 아주 어색하다는 걸 금방 알 수 있다. 이상하게 흘겨보거나 히죽거리고, 화를 내거나 욕정을 보이며, 절망스럽고 자기 연민에 빠지는 모습 등을 쉽게 볼 수 있다.

그러나 사려 깊고, 명민한 사람은 거울을 보면서 더 많은 걸 감지한다. 그는 거울에 비친 자기의 외향을 뛰어넘어 거울 뒤에 있는 무언가를 꿰뚫어본다. 무의식적으로 그는 신체적인 면모와 살아 있음에 대한 경이로움과 인간 공동체를 구성하는 한 부분으로서의 자기라는 존재를 느낀다.

그렇게 인지되는 자화상은 여러 가지 부분으로 이루어져 있다. 우선 사고와 감각의 차원을 통해서 자신과 환경의 관계를 깨닫게 된다. 그리고 가장 중요한 것으로 주관성, 쉽게 말해서 그때의 기분이 첨가된다.

거울은 그때 그때 우리의 느낌에 따른 모습을 투사해 준다. 불안감이나 수치심, 또는 슬픔을 느끼면서 거울을 보면 그 거울 속의 나는 왠지 어두워 보이고, 기쁨·반가움·사랑의 감정을 느끼면서 거울을 들여다보면 그 속의 나 역시 환하게 빛나고 있다. 그뿐이 아니다. 관용과 유머, 신의나 선량함까지 반사시켜 드러내 주기도 한다.

거울의 신비와 마력은 언제나 인간을 매료시키기에 충분했다. 거울이 인간의 영혼을 빼앗아간다고 말하는 미신도 있다. 그래서 임종이 닥친 사람이 있는 집은 거울을 모조리 가려 놓는 풍습을 고수하는 나라도 있다. 죽은 사람의 영혼이 거울에 붙들려 이승에서 배회하는 걸 막으려는 의식이다. 그리스 신화에서도 아름다운 청년 나르시스는 호수에 비친 자기의 모습에 반한 나머지 물 속까지 뛰어들어간다.

거울이 삐딱한 용도로 사용되어온 것도 어제오늘의 일이 아니다. 18세기에는 부채 안쪽에 거울을 붙여서 등뒤의 광경을 염탐했고, 우아한 로코코풍 성(城)의 밀실에는 거울 장식이 두드러져 있었으며, 요지경 앞에 서서 배꼽을 틀어쥐고 웃는 장날 풍경도 있었다. 또 매춘부들은 침대 위 천장에 거울을 붙여 자기의 성행위를 보며 더 큰 자극을 받는 데 이용하기도 했다.

거울은 자아상과 나 아닌 또 다른 상(像)이 서로 만나는 한 면이다. 때문에 《백설공주》 속에서 계모의 질문에 당돌하게 대답하는 거울은 정말 객관적이라서 좋다. 그러나 현실 속의 우리들은 다르다. 묵묵한 거울 앞에서 스스로를 판단해야 한다. 대신 말하는 거울을 전혀 다른 곳에서 찾을 수는 있다. 그건 바로 친구다. 진정한 친구는 말하는 거울과도 같기 때문이다.

부끄러움을 이기는, '뻔뻔함'

여자는 너무 쉽게 수치심을 느낀다. 어떤 느낌이 든다고 낯을 붉히고 아들이 학예회에서 뒷줄에 섰다고 창피해한다. 다 큰 어른 체면에 롤러스케이트를 탄다고 버둥거리다가 아스팔트 위에 엉덩방아를 찧었다고 망신스러워하고, 한창 유행인 분홍색 옷차림으로 파티에 갔다가 분홍색 옷을 입은 사람이 네 명이나 더 있는 걸 보고 부끄러워한다. 심지어는 다른 사람의 농담을 이해 못해 부끄러워한다.

그러면서도 우리는 마돈나와 롤라 몬테스, 19세기 말 공공연히 자유 연애를 부르짖었던 슈바빙의 보헤미안 백작부인 레벤틀로프(Leventlow) 같은 뻔뻔한 여자들을 못내 부러워하는 것은 왜일까? 자신만만하고 당당하며 자유 분방한 게 부러운 것이다. 그렇다면 그런 여자들은 실제로도 그렇게 자유로웠던 걸까? 그러나 뻔뻔한 여자들의 내면은 얼핏 보기와는 달리 아주 여러 겹으로 포개져 있다.

일단 그런 여자들은 '뻔뻔스러운 행동'으로 자기는 어떤 상황도 압도하고 극복할 수 있다는 것을 과시한다. 다시 말해 모든 부끄러움을 능숙하게 제어하고 어떤 상황에도 제압되지 않는다. 무대에서는 여왕이다. 자신감과는 너무도 동떨어진 여자들은 질투심이 끓어오르겠지만 분명 이 점은 시인해야 한다. 재미있게 웃을 때, 지루한 하품을 할 때, 맛있게 포식할 때, 우렁찬 소리를 지를 때 그들의 입은 마구 벌어진다. 그래도 사람들은 그들의 그런 모습을 흉보지 않는다.

말 그대로 속을 훤히 다 내보였기 때문이다. 그래서 그들은 뒤끝도 뒤탈도 없다. 사실 그런 여자들을 보면 수치심 문제에 능통하며 섬세하고 미묘한 감각 면에서 뛰어나고, 마음 저변에는 겸손함마저 깔려 있다. 그리고 그 금기(禁忌)까지 정확히 꿰고 있다.

반면 토크쇼 같은 곳에 나와 공공연히 스캔들을 떠벌리는 여자, 지나치게 꽉 끼거나 너무 짧은 '피서'차림에 보기에도 민망할 정도로 반쯤 벗어 젖힌 옷차림의 여자, 이런 여자들에게서는 위에서 말한 당당한 여자의 모습을 찾아볼 수가 없다. 한 마디로 말해 진짜 창피한 게 뭔지를 아는 당당한 여자들은 그저 정신적·육체적 노출증에 노예가 되어 수치심을 '모르는' 여자들의 부류와는 구별된다는 특징이 있다.

지적이고 감정 관리가 철저하며 당당한 여자들은 뉘앙스를 중요시한다. 그들의 지적과 답변은 칼 같이 예리하고 다분히 외설적일지는 모르지만 결코 투박하지 않다.

그리고 언제 어떤 행동이 다른 사람을 자극하고 곤혹스럽게 하거나 마음의 상처를 주는지도 잘 안다. 그러한 능숙한 표현 역시 수치심을 깊이 이해하는 사람만의 특기이다.

내가 말하는 당당한 여자들은 남자들을 다루는 데에도 한 수위다. 남자들의 몰이해를 바로 보지만 결코 바로잡으려 하지 않는다. 뒤늦게 헛물켠 것을 깨달은 속물들이 자기의 패배에 통분하는 동안 그녀는 한껏 고혹적인 미소를 지으며 유유히 떠나갈 뿐이다.

그녀의 꾐에 넘어간 남자는 그녀가 걸려들었다고 생각한다. 그 남자에게 그녀는 친밀하고 다정하며 아무런 이의 없이 순순히 그를 따르는 척한다. 거래는 정말 완벽해 보인다. 그런 만큼 남자는 머지않아 자신의 욕구가 아무런 장애 없이 충족될 것이라고 믿는다. 사실 일이 그렇게 쉽게 풀릴 거라고는 예상치 못했었다. 그는 날개 달린 듯 그녀에게 달려간다.

그녀는 저만치서 양팔을 크게 벌린 채 그를 기다리고 있을 줄만 알았다. 그래서 그녀가 가리키는 쪽으로 무작정 돌진한다. 그 길이 막다른 골목인 줄도 모르고. 그는 그 골목을 따라 치닫다가 마침내 벽에 부딪치고 만다. 워낙 빨리 달려온 탓에 그 충격도 엄청나다. 그 충격을 추스르기도 전에 그녀는 그를 한 번 힐끔 돌아보고 마음의 동요 없이 그 자리를 떠난다. 그의 부러진 코뼈가 퍽 우스꽝스러울 거라는 상상을 하면서….

당당한 여자는 다소 뻔뻔스럽다. 이것이 수줍음을 타거나 내성적인 사람과 다른 점이다. 수줍음이 많거나 내성적인 사람들은 어떤 행동(그 행동마저 포기하는 경우가 많지만)에 '앞서', 부끄러움을 먼저 느낀다. 또 행동한 후에도 부끄러워한다. 하지만 당당한 여자는 자기의 행동이 정당했다고 여긴다. 최소한 자신에 대해 충실했다는 점에서.

그렇다면 혹자는 이렇게 생각할지 모른다. 혹시 아주 오래 전에 누군가 그녀에게 '부끄러운 줄 좀 알아라!'고 혹독하게 꾸지람을 해서 상처 입은 것은 아닐까? 그래서, 꾸지람당한 그 사실에 대한 수치심이 지금까지 가시지 않아 손쉬운 비상구를 찾아낸 것은 아닐까? 모든 수치심을 숨길 수 있는 비상구를.

어찌되었든 좋다. 하여튼 당당한 여자는 자기 일에 열심이다. 일에 관한 한 수치심 때문에 전전긍긍하는 여자보다 오히려 더욱 수치심과 밀접하다. 수치심과 수동성이 한 줄기를 이루듯 부끄러워하지 않는다는 것과 진취적인 적극성 역시 밀접한 관계를 갖기 때문이다.

이런 여자에게는 자기의 활동력과 책임감, 자의식과 자기 통제력에 긍지가 있다. 그렇지 않은 여자들이 자칫하면 고통받을 만한 격렬한 감정을 다스리는 까다로운 방법을 터득한 셈이다.

그렇다면 당당한 여자들은 겉으로 식별이 가능할까?

물론이다! 우선 몸짓만 봐도 금방 알 수 있으니까. 예컨대 당당한 여자의 미소는 매우 독특하다. 입술 한가운데는 닫히고 양끝이 열렸거나 혹은 골몰해서 지그시 아랫입술을 깨물고 있는 표정이다. 치열을 다 드러내면서 '날 좀 봐요! 이렇게 웃고 있잖아요. 그러니 당신한테 아무 짓도 하지 않을 거예요'라고 원초적인 신호를 보낼 필요가 없다.

나이나 권태는 인간의 가면을 벗긴다. 하지만 당당한 여자는 처음부터 가면을 쓰지 않는다. 그녀는 하루종일 남을 안정시키거나, 환심을 사기 위한 미소를 짓지 않는다. 대신 마음대로 깔깔거리고 히죽거리며 필요하면 괴성 지르기도 마다하지 않는다.

또 이런 여자는 인류학자들이 지적하는 '여성답게' 다소곳이 눈 내리깔고 목 떨구는 자세를 취하지 않는다. 수치심으로 주눅든 여자나 변덕쟁이, 아부꾼들과는 달리 여자들의 전형적인 교태도 거의 부리지 않는다.

당당한 여자의 목은 빳빳하다. 사람이 가득 찬 엘리베이터 안에서도 기가 약한 사람은 다른 사람의 시선을 견디지 못하고 발끝을 내려다보거나 버튼에 시선을 고정시키지만 이런 여자는 눈을 내리깔 줄 모른다.

그녀는 당당하게 앞을 응시하고 자기를 드러내 보이고 인정할 것은 인정한다. 뮌헨의 어떤 여자는 남자들의 태도가 재미있어 혼성 사우나를 즐겨 찾는다고 말하고, 함부르크의 또 다른 여자는 멀쩡한 오른 손목을 놔두고 날 때부터 기형적으로 짧은 왼쪽 손목에 시계를 차고 다닌다고 한다.

당당한 여자는 개방적이다. 약간은 속물적인 부모와 여러 애인들과 자애로운 신에 대한 믿음 앞에서, 또 자신의 나이 앞에 당당하다. 남자에게 먼저 청혼을 하고 거짓말은 거의 하지 않으며 목적지에 닿으면 지금까지 몸을 실었던 싸구려 기차에서도 떳떳하게 내린다.

어떻게 이런 것들이 가능할까?

당당한 여자는 자신만의 게임을 원한다. 자기만이 규칙을 알고 있는 게임을. 그리고 늘 이 게임에서 이긴다. 하지만 게임에는 항상 상대가 필요하다. 그 자리는 속수무책으로 무방비인 여자, 낙담을 일삼는 여자, 작은 일에 허둥대는 여자가 채워준다. 하지만 당당한 여자들끼리의 게임은 있을 수 없다. 거기선 어떠한 파렴치도 통하지 않는 법이니까.

한편 당당하다는 것은 욕구 충족과 심리적 강박 관념, 또는 유희 본능, 심지어는 상대방을 격하하려는 심리에서 생길 수도 있다. 주위 사람들을 염두에 두지 않고 마음대로 큰 소리로 떠들어대거나 전화를 받으면서 계속 옆 사람과 노닥거리거나 혹은 행사 때마다 너저분한 옷을 입고 나타나는 사람은 주빈과 주최

측을 무시하는 것으로 보인다.

냉철하고도 당당한 여자들은 끊임없이 노력하는 것도 게을리 하지 않는다. 하지만 사람들은 그것을 알지 못한다. 다만 그녀의 천연덕스럽고 뻔뻔할 정도로 거침없는 태도와 끊임없이 샘솟는 건강한 자존심에 압도당할 뿐이다. 그녀의 그 당당함이 이미 거울 앞에서의 부단한 연습의 결과라는 사실을 모르는 채. 그 당찬 태도 이면에는 낭떠러지에서 곡예를 할 때와 같은 조심성이 숨어 있으리라고는 짐작조차 못한다. 그만큼 그녀는 인생의 행·불행을 걸고 이런 태도를 고수하는 것이다.

그러면 당당한 태도 뒤에 숨은 부정적인 면과 약점은 과연 무엇일까?

당당한 여자가 자기의 행동에 한계를 긋고 거리와 객관성을 유지하는 데에는 종종 어려움이 따른다. 바로 감성상의 약점이라고나 할까.

상황이 걷잡을 수 없는 지경이 되어 엉뚱한 오해를 자초하기도 한다. '저 여자, 너무 헤픈 거 아냐?' '다분히 끼가 있어!' '저 여잔 관심 표현을 저렇게 공격적으로 하는가 보지?'

나바호 인디언은 이야기를 나눌 때 나란히 앉아 같은 방향을 보고 서서 이야기를 한다. 그렇게 해야만 대화가 통한다고 생각한다. 당당한 여자들도 상대방의 말에 맞장구를 친다든가 그냥 다른 사람이 하는 대로 따라 하거나, 다른 이에게 맞출 줄 아는 지혜를 배우면 금상첨화일 것이다. 꼭 머리를 맞대고서 똑바로 눈을 들여다봐야 교제가 가능한 것은 아니므로.

사람들은 그녀의 진정한 느낌을 알 재간이 없다. 왜냐하면 그녀는 자신의 질투라든가 욕망 따위에 한 치의 여지도 남기지 않는 걸 매우 가치 있는 일로 여기기 때문이다. 만일 그런 감정을 스스로 인정하고 용납한다면 부끄러워 어쩔 줄 모를 테니까.

제2장
사랑을 좇아 다니는 일곱 가지 감정

짧은 사랑, 긴 고통

감정을 표현할 때 우리는 때때로 모호하고 불분명한 태도를 보이는 경우가 있다. 친구나 사무실 동료, 혹은 가족들이 모인 자리에서 '감정'에 대한 생각을 화제로 삼아 보라. 장담하건대 주위가 다 썰렁해질 것이다.

게다가 남자까지 끼어있는 자리라면 어떨까? 아마 대부분의 남자들은 머쓱해서 웃거나 시큰둥한 표정으로 이죽거릴 것이다. "웬 뚱딴지같은 소리야? 너, 연애 하냐?"라고 되묻거나, "봄은 꿈나라…" 등으로 유행가 가사를 흥얼거리거나 아니면 "지금, 때가 어느 땐데…!" 하는 실속파까지, 반응이 다양할 것이다.

그것은 우리가 알게 모르게 감정이라는 문제를 늘 사랑과 결부시켜서 생각하는 버릇이 있기 때문이다. 그것도 감미로운 사랑의 감정에 국한시켜서. 때로 우리의 경험과 이성은 그게 아니라고 말하지만 그 순진한 기대와 그릇된 망상은 좀처럼 단념을 모른다.

　사랑은 아주 복잡한 속성을 가진 감정이다. 사랑과 결합된 감정들 또한 열거할 수 없이 많다. 비로소 누군가를 사랑할 수 있도록 해주는 감정이 있는가 하면 사랑을 더욱 환하고 빛나게 하는 감정도 있고 또 사랑의 기쁨을 앗아가거나 망쳐버리는 감정도 있다.

　'감정과 사랑'이라는 주제를 놓고 이야기한 적이 있다. 이때, 여자들은 절박한 사랑의 열병을 앓을 때 '행복'이라는 느낌과 함께 반드시 어두운 고통도 느낀다는 것을 알게 되었다.

　사랑에 있어서도 대가다웠던 괴테도 그의 〈사랑의 서(書)〉라는 시(詩)에서 이렇게 읊었다. "단 몇 장에는 조금의 사랑이 / 책 전체에는 고통이."

　사랑을 좇아 다니는 감정들 중 특히 일곱 가지 감정이 두드러졌다. 그 감정들은 아무 때나 사랑과 함께 나타나거나 사랑의 주변에 잠복해 있었다. 물론 그것이 사랑이란 감정에 끼치는 영향도 대단했다. 몇 가지 핵심문장을 소개하면 이렇다.

－ 사람이 필요해요. 옆에 있어 줄 남자가 필요하다고요. 남자는 내 인생의 전부예요.
－ 진정으로 사람을 믿을 용기가 나지 않아요. 그러니 관계가 진전되지 않아요. 상대방에게 완전히 몰두할 수가 없어요.
－ 도무지 사랑할 만한 상대를 찾을 수 없습니다. 결국은 제가 마음을

꼭 걸어 잠그고 있는 탓이라고 생각하며 마음을 열어보고자 노력하지만 그게 잘 되지 않아요. 마음속 깊은 곳에 무엇인가가 가로막고 있답니다.

— 자꾸 떨쳐버리려고 해도 번번이 질투심 때문에 미칠 것만 같아요. 이러다가 다시 실연 당하면 어쩌지요.

— 사랑의 아픔이에요. 더 이상 무슨 말이 필요하겠어요.

— 막연한 그리움이 종종 저를 괴롭힙니다. 내 안에는 채워지지 않을, 커다란 욕망이 있습니다. 저는 무언가를 기다리고 있어요. 달콤 씁쓸하고 애잔한 느낌, 하지만 어쩐지 건강하지 않은 느낌이라는 걸 알아요.

— 흠. 사랑, 사랑이라…

과거 사랑을 해봤거나 목하 연애중이거나 혹은 앞으로 사랑하고 또 사랑받고 싶은 여자라면 누구나 한 번쯤 가져봤을 생각이다. 그럼 이런 일곱 가지 감정을 여러 각도에서 조명해보자.

맹목적인 남자 찾기

점점 많은 독신 여성들이 자연스럽고 거리낌없이 새 파트너를 찾아 나서고 있다. 그들은 홀로 카페나 술집에 들어가는 것을 부끄러워하지 않는다. 박물관에서 남자 누드상을 감상하면서 옆에 서 있는 남자에게 소감을 묻기도 하고, 먼저 커피 한 잔 하자는 제안까지 한다. 하기야 신문에 구애 광고도 서슴지 않는 세상에 그쯤은 아무 것도 아니다. 이제 더 이상 그들은 한숨짓는 민들레나 닭 쫓던 개가 아니듯이.

불과 2, 30년 전까지만 해도 혼자 사는 여자, 즉 노처녀에게는 뭔가 말못할 사연이 있을 거라는 추측 아닌 단정과 야릇한 호기심과 구설수가 늘 따라다녔다. 사실 그런 여자들은 수녀원이나 양로원 아니면 제비족이나 남창을 찾아갈 수밖에 없었다. 그런데 요즘 독신녀들은 과감하게 먼저 남자를 차버린다.

레기나 역시 5년 간 동거하던 남자와 헤어졌다. 부드러운 소울 색소폰 주자였던 그가 언젠가부터 람보처럼 변한 것도 모자라서 헤비메탈로 전향했다는 게 이유다. 그런데 최근 그녀는 이렇게 말했다.

"혼자 살기는 허전해요. 다시 제가 뒷바라지하면서 지낼 수 있는 남자가 필요해요." 그 후 그녀는 자신이 가진 보호본능의 욕구를 채워줄 새로운 상대를 찾고 있다.

아네테는 남편의 술 주정과 17살짜리 그의 애인에 신물이 나서 22년 간의 결혼생활에 종지부를 찍었다. 이제 그녀는 밤을 지켜줄 남자를 찾아 나서면서 이렇게 말한다. "밤에 곁에 있어줄 남자가 필요해요."

돌리 역시 그렇다. 그녀는 "단 하룻밤도 혼자 있기 싫어서" 이혼 재판이 열린 가정법원 계단에서 잘 생긴 변호사 한 명을 낚아챘다.

그런데 이들 셋 모두 진정한 짝을 찾지는 못했다. 그 이유는 나중에 설명하겠다.

요즘 독신녀들은 굉장히 적극적이고 드세다. 주도권을 잡고, 먼저 말을 걸거나 집에 초대하고, 필요하면 먼저 남자 손을 잡아 끌기도 한다. 그런데 문제가 있다. 남자를 찾는 '방법'에 있어서는 매우 냉철하고 세련되기까지 한 그들이 남자를 찾는 '이유'가 너무 맹목적이라는 점이다.

대개의 여자들은 혼자 되기가 무섭게 곧바로 남자 사냥에 나

선다. 주어진 다양한 가능성을 타진하고, 부담 없이 이런 저런 노획물을 맛본 다음 계속해서 다른 사냥감을 찾아서 비상할 수 있는 자유를 고스란히 반납한다는 뜻이다. '확실한 애인'이든 빈 공간을 채워주는 '동거인'이든, '관계' 자체를 위해서든 아니면 심지어는 "인사해, 내 남편이야!" 라고 말하기 위해서 너무도 성급하게 곁에 둘 남자 찾기에 혈안이 된다.

알다시피 우리는 세 쌍 중에 한 쌍이 파경을 맞는 세상에 살고 있다. 그만큼 외로움에 허덕이는 사람들이 많아졌다는 뜻이기도 하다. 독일의 어떤 결혼상담소는 지금 짝을 찾으려는 외로운 영혼들이 1200만 명에 이른다고 했다.

애인이 없어서 새 애인을 찾겠다는데 뭐 어떻다는 건가?

하지만 아마 그 이유를 알고 나면 환멸과 각성이 교차할 것이다. 여자들이 새 애인을 찾는 이유는 대개 혼자라는 두려움, 혹은 의존성이나 단순한 타성 때문이라는 대답이다. 이 모두, 자아가 덜 성숙됐거나 확고하지 못한 데에서 비롯되는 것이다. 그 결과도 위태로워 이미 실패를 경험했던 유형의 남자나 또는 비슷한 부류의 남자를 만나 다시 자포자기하고 그 곁에 눌러앉을 확률이 높다.

이런 여자들은 주로 자의식이 약하고 자기가 품었던 꿈은 언제라도 포기하고 양보하면서 굴종할 준비가 돼 있고, 새 남자를 만나는 것만으로도 감지덕지해 한다.

양보는 인간 관계라는 복잡한 기계에 꼭 필요한 윤활유이다. 하지만 지나친 양보는 시간이 지날수록 응고된 기름덩어리가 된다. 기계도 더 이상 돌아가지 않게 된다. 단지 혼자되는 것이 두렵다는 이유로 양보를 밥먹듯이 하는 여자들을 보면 놀라울 정도이다. 다음 사례들처럼 말이다.

— 늘 밝고 명랑한 해리에트에게 최근 남자친구가 생겼다. 늘 투덜대고 불평을 일삼는 남자였다. 해리에트는 그의 비위를 맞추려고 같이 투덜거리게 되었다.
— 크리스텔은 요즘 백수 건달과 사귀면서 그와 함께 오락실에 드나든다. 크리스텔의 집에 얹혀 사는 그 건달은 이를 쑤신 이쑤시개를 씹는 버릇이 있다.
— 사비네는 무분별한 기회주의자인 새 애인을 사귀었다. 그녀는 그의 아이를 갖고 싶어한다. 그녀는 그가 좋아한다고 해서 노란색 부츠를 신고 다닌다.

왜 여자들이 그토록 곁에 있어줄 만한 남자를 집요하게 원하는지 심리학적으로 쉽게 풀이된다. 그것은 다분히 인간적이고 당연한 이치로, 사람은 누구나 익숙했던 것과 단절되고 불확실한 환경에 놓이게 되면 두려움을 느끼게 된다. 즉 익숙했던 상황이 변하면 무의식적으로 굉장한 위협을 느낀다.

그래서 소유한 것을 지키기 위해서라면 어떠한 행동도 마다

하지 않는 것이다. 계속 불거지는 경제적 갈등, 늘 불만으로 부어 있는 그의 얼굴, 지독하게 무미건조한 일상, 내키지 않는 섹스. 많은 여자들이(물론 남자도 마찬가지겠지만) 단지 혼자가 되기 싫다는 이유로 이 모든 걸 기꺼이 감수한다.

당장에 새 남자의 품으로 여자들을 몰아가는 두 번째의 원초적인 욕구는 바로 사랑에 대한 동경이다. 특히 여자들은 이 사랑을 '한 남자에게 받을 수 있는 선물로만 여긴다'고 지적한 사회학자 크리스티네 뵈슬러 드파나퓨는 이렇게 덧붙였다.

"행복과 사랑의 욕구 저변에는 보호받고 싶은 욕구와 아늑함과 부드러움에 대한 희구와 (…) 이런 상태가 영원히 지속되길 바라는, 충족되지 않는 유년기적 소망이 숨어 있다."

즉, 한 남자에서 곧바로 다른 남자를 사랑하는 것도 이 지속성을 채우기 위해서라는 것이다.

여기에서 또 하나의 악순환 고리가 만들어진다. 즉, 새 남자를 통해서 과거의 갈등을 극복하려는 시도이다. 이전의 관계에서 저지른 잘못을 새로운 관계에서 바로잡으려는 것은 위험 천만인 욕심이다.

과거의 오류는 새 애인이 아닌 바로 자기 자신만이 해결할 수 있다. 제대로 보고 깨닫기 위해서는 일정한 거리가 필요하다. 하지만 우리들 대개가 바로 이 거리감, 간격, 공백, 진공 상태

등과 같은 개념은 듣기만 해도 불안해한다. 그래서 단박에 그 틈을 메워버리려 한다.

내가 아네테나 돌리를 비롯한 다른 여자들에게 그들이 관계에 급급한 이유를 물으면 그들은 흔히 '필요해서'라고 대답했다. 그렇다면 그들은 목적을 달성했을까? 내가 보기엔 별로 거둬들인 게 없다. 하지만 그들은 그저 운이 따라주지 않았을 뿐이라는 표시로 어깨만 들썩여 보였다. 앞으로는 분명히 나아지리라는 확신에 차서.

그래서 나는 감히 잔인한 결론을 내리기에 이르렀다. 구하라, 얻지 못할 것이다. '필요' 때문에 찾는 자는 끝내 찾아 헤매기만 할 거라는…. 개가 멧돼지나 마약 냄새를 쫓아 열심히, 강박적으로 킁킁거리듯이 말이다. 하지만 매번 똑같은 길을 맴돌 뿐이다.

사냥에 능숙한 인디언을 보라. 탁 트인 시야로 여유 있게 주위를 둘러본다. 노련한 낚시꾼은 고기가 물리기를 기다리되 모든 감각을 날카롭게 세우고 있으며, 금광을 캐기 위해서는 인내를 가지고 구멍을 파야 한다. 단지 남자를 낚아채는 데 급급한 여자들만이 실수에 실수를 거듭할 뿐이다. 왜냐하면 그들은 프로답지 못하기 때문에.

게다가 설상가상 이런 실수의 경력은 여자들의 매력을 반감시킬 뿐 별 효과를 발휘하지 못한다. 무언가에 쫓기듯 급급한 사람의 표정은 상상만 해도 질리지 않는가! 약간 일그러진 얼굴에 날 선 눈매, 그리고 앙 다문 입술에 크게 벌름거리는 콧구멍.

스스로 절망하면서 무의미한 관계에 연연하는 여자는 장담하건대 아무에게도 자신을 내보일 수 없다. 그녀에게서 풍기는 건 퀴퀴한 욕망의 냄새뿐이다. 게다가 사랑을 구걸하는 과정에서 있던 장점마저도 줄어들거나 아예 잃어버린다. 남자를 찾는데 급급한 이런 여자들에겐 제대로 된 여장이 있을 리도 없다. 이리저리 옮겨다니자면 여장마저 거추장스러울 뿐이므로. 무언가를 너무 '필요'로 하는 사람, 무언가에 중독된 사람은 내면적으로나 외면적으로 매력이 없다. 심리분석학자 아브라함 마슬로프가 한 말이 있다.

"자아를 착실히 실현해 가는 사람은 채워 넣어야 할 만한 심각한 결핍을 느끼지 않는다. 하지만 동기가 결여된 사람은 다른 사람을 필요로 할 수밖에 없다. 오로지 다른 사람을 통해서 자신의 욕구를 충족시킬 수 있기 때문이다."

하지만 이런 여자들이 남자를 찾아 동분서주해도 결국 실효를 거두지 못하는 것은 그녀가 자기의 모든 걸 걸고 죽기살기로 덤벼든다는 것을 남자의 눈에도 뻔히 보이기 때문이다. 맹목적인 사랑과 욕망으로는 아무에게도 매력을 풍길 수 없다. 오히려 관심이 있던 사람까지 줄행랑을 쳐버릴 것이다.

필요로 하는 사람은 집착하기 마련이다. 집착하는 사람은 얼

마 못 가 또다시 혼자가 된다. 독립된 인간이기보다 남자의 짝이
되어 섰을 때야 비로소 안정감을 느끼고 편안해지는 여자는 분
명히 자기 스스로를 매우 불완전하다고 믿는다. 조물주가 자신
의 이런 실패작을 지켜본다면 답답해서 울화통이 터질 것이다.

그렇다면 혼자가 되더라도 절대 아무도 찾지 말란 말인가?
물론 그건 아니다! 사랑 그 자체, 우정, 인간적인 교제와 열린
마음과 호기심을 찾아야 한다. 그리고 우리를 그리로 부추기는
감정에 최대한 집중하고 즐거운 마음으로 귀 기울여야 한다.

상대방에게 매력을 느끼고 호감은 가지만 그렇다고 목매지
는 않겠다는 신호만 보내는 것, 그 자체만으로도 충분히 매력적
이다. 호의적인 관심이 있으나 자유로이 주의력을 통제할 때 우
리의 동공은 커진다고 행동 연구가들은 말한다. 눈도 더 그윽해
지고 아름다워진다. 그에 반해서 너무 집착하는 사람은 그 동공
이 다시 좁아진다고 한다. 그 다음 단계는 사람을 섬뜩하게 하는
맹수의 눈이다.

실제로 어떤 사람들은 광적으로 남자를 쫓아다니는 여자를
맹수에 비유했다. "남편감을 찾아 두리번거리는 여자는 굶주린
맹수와 같으니…" 조지 버나드 쇼의 희곡 《사람과 초인》에 나오
는 돈 주앙의 말이다.

'정확하게 빗나가는 행위!' 여자들의 이런 행위를 가리킨 어

떤 심리치료사의 반어적 표현이다. 즉 욕망이 지나쳐 되려 원하는 것을 놓치게 된다는 뜻이다. 명궁도 목표를 눈에 담으려고 버둥거리기를 그만두고 마음을 비우는 순간에 비로소 과녁을 정확히 맞춘다고 한다. 얼핏 듣기에 모순되게 들리는 '적극적 수동성'이라든가 '활발한 여유'가 오히려 목적을 달성하는 첩경이라는 뜻이다. 감성 지수가 높은 사람이 자기가 느끼는 일체의 감정에 대한 태도이기도 하다.

아름다운 쌍을 이루는 건 몇 번이고 시도해 볼 만한 가치가 있다. 다만 어떤 대가라도 다 치르려하는 것은 금물이다. 보상받기 위해서 짝을 찾거나 자기 도피나 자기 만족을 위해서 짝을 찾으려 해서는 안 된다. 빈틈을 땜질하기 위해서나 자존심을 높이기 위해서 짝을 찾아서도 물론 안 된다.

남자와 여자의 결합은 그러기에는 너무 안타까울 정도로 아름답다.

가장 친밀한 순간의 편안함

남자는 배, 여자는 항구…. 매달리는 여자, 도망가는 남자. 약간의 내용만 다를 뿐, 이런 유행가는 어느 나라에나 흔히 있다.

정말 그럴까? 그런데 자세히 들여다보면 꼭 그렇지만도 않다.

관계에 한계를 긋고 싶어하기는 남자뿐 아니라 여자도 마찬가지란 얘기다. '깊이 사귀는 게 두렵다'는 말이 마치 무슨 자랑거리나 되듯 말하는 여자가 주변에 한두 명은 있을 것이다. 그러면서도 내심 그 점에 본인 스스로도 콤플렉스를 느끼고 있다는 것도.

욕망과 현실, 동경과 이성(理性) 사이에서 갈팡질팡하기는 여자가 더하다. 그들의 이성은 언제나 이렇게 부르짖는다. '매달리면 안 돼!' '의존적인 행동은 집어 치워!' '더 가까워지고, 더

시간을 내주고, 더 믿어달라는 지나친 요구는 금물이야!' '너무 아름다운 환상은 갖지 말자구!'

사랑하는 사람에게 가까이 다가가고픈 자연스러운 욕구가 이런 이성의 소리에 제압되기를 반복하다 보면 자아분열이라는 결과를 가져오기도 한다. 그런데 아이러니컬하게도 이런 자아분열은 늘 지배해오던 이성의 목소리와는 달리, 작은 고독이나 슬픔에 직면했을 때 극단적인 육체적 쾌락이나 모험에 빠짐으로써 인간적인 친밀감을 맛보고픈 충동에 사로잡히게 만든다.

그러나 곧 그 대상이 단순한 동침상대에 불과했다는 사실을 씁쓸하게 깨닫게 된다. 호르몬계나 순환계에는 긍정적인 영향을 미쳤을지 모르지만, 영혼은 더욱 공허해지고 피폐해질 뿐이다.

왜일까? 소위 그 '친밀한 접촉'에서 필요한 '친밀감'이 빠졌기 때문이다. 의례적이고 구식으로 표현하자면 진실한 사랑이 없기 때문이다. 진실한 사랑이란 성적인 욕구도 자제할 수 있는 독특한 특징을 가지고 있다. 그러니 아무 침대에서나 이 감정을 기대하는 건 무리다.

44세의 호텔 지배인인 어떤 여자는 '가장 내밀한 순간'을 이렇게 묘사했다.

"15년을 함께 살아온 남편하고 제네바 호수에서 휴가를 보낼 때였어요. 우리는 한참 동안 아무 말도 하지 않고 포도밭 길을 따라 걷고 있었어요. 그러다 누가 먼저랄 것도 없이 동시에 같은 노래를 흥얼거리기 시작했답니다. 우린 서로 쳐다보며 픽 하고 웃었어요. 서로를 훤히 들여다본다는 미소였죠. 마음이 푸근해지고 깊은 신뢰감과 함께 일종의 동료의식 같은 게 느껴지더군요. 그게 전부였어요. 하지만 정말 오랜만에 느껴 보는 아주 내밀한 순간이었답니다."

사실 이런 순간을 알고, 경험했고, 계속해서 그걸 기대하고 있다. 대개 그런 순간은 상대가 굳이 말하지 않아도 무얼 느끼고 있는지 알 수 있을 때 느껴지곤 한다. 또 집 안 어디에선가 사랑하는 사람이 망치질하는 소리를 들을 때, 어머니의 미소를 바라볼 때, 그와 함께 머리를 나란히 맞대고 있을 때, 오랜 친구와 함께 있으면서 몸짓이나 자세를 똑같이 취하게 될 때도 그렇다.

단, 친밀감이란 상대를 신뢰할 때에만 생긴다. '신뢰하다'나 '내면적으로 가깝다'라는 말은 시류와 모더니즘, 쾌락과 흥미 위주의 세계와는 거리가 멀지만 인간의 중요한 기본 욕구인 소속감이나 안정감과는 아주 가깝다. 특히 안정감은 사회적이든 정신적이든, 혹은 영적이든 인간에게 일종의 고향 같은 것으로 반드시 연애 감정과 결부되는 것은 아니다.

또 내밀감은 신앙이나 어떤 신념, 혹은 오르가슴을 통해서도 느낄 수 있다. 아울러 그것은 일종의 깨달음을 수반하는 행복인 동시에 강렬한 심리적 충만이다.

내밀감은 이토록 낯익고 친숙한 상태와 밀접하다. 그리고 다시 이런 친숙함은 신뢰가 있을 때만 가능하다. 또 신뢰감을 갖기 위해서는 절대적인 용기가 필요하다. 그것도 상당한 용기.

현명한 눈으로 미덕의 변화를 바라본 철학자 오토 프리드리히 볼르노프(Otto Friedrich Bollnow)는 참된 용기에 대해서 이렇게 적고 있다.

"참된 용기를 지닌 자는 세상에서 흔히 저질러지는 의심을 거두고, 있는 그대로의 자기 자신을 숨김없이 드러내 보인다."

하지만 우리는 상처받지 않을까, 예속되지 않을까, 남들에게 비난이나 받지 않을까를 먼저 걱정한다. 오래도록 신봉하던 독립심이나 자아 실현 같은 것들을 포기하게 될까봐 두려워지기도 한다. 그러는 사이 사랑에 꼭 필요한 내밀함은 소리 없이 사라지고 만다.

자, 과감히 나를 시험해보자. 두려움을 떨쳐 버리고 나를 활짝 열어 보라. 아무도 그것을 이용해서 나를 함정에 밀어 넣지 않을 거라는 믿음을 가져 보라. 그러기에는 물론 자신감과 자신의 약점과 단점, 혹은 불리한 상황에도 불구하고 상대에게 거부당하지 않을 거라는 확신이 필요하다.

미국의 심리학자인 로살리 레이치먼(Rosalie Reichman)은 친밀감을 방해하는 최대의 적은 바로 '내가 다른 것과 대체될 수도 있다'는 사고방식이라고 단정했다. 친밀감을 주고받으려면 좀더 많은 용기와 자신감이 필요하다는 얘기다.

친밀감의 형태 역시 자기 스스로 개척할 수 있다. 심리적으로 건강한 사람은 본래의 자아를 신뢰하고 친밀하게 여긴다. 오류를 인정하고, 자신의 본성을 신뢰하고, 그리고 자신의 성격을 명확히 파악하고 스스로의 감성에 친근감을 가지고 대해야 다른 사람과의 내밀한 관계가 가능하다. 자기와의 우정을 키우는 것이다.

그러나 내밀감과의 만남은 늘 우연처럼 유동적인데다 그것을 체험할 기회를 갖기도 말처럼 쉽지는 않다. 상대방과 가까워지기도 전에 사라져버릴 때도 있다.

관계가 시작될 때 우리는 흔히 이 두 가지의 통과의례를 거친다. 때로 그것은 특정한 내밀감을 뜻할 수도 있겠지만 그것으로 위장한 것일 수도 있다. 그 중 하나가 '접근 행동'(먼저 말 걸기 등과 같은)이고 또 하나는 '교환 행위'이다.

특히 대다수 사람들이 믿는 것처럼 접근 행동에서 존댓말을 쓰다가 말을 놓게 되었다고 친밀감의 교류 상태에 이르렀다고 볼 수는 없다. 그것은 단지 하나의 어투에 불과하다.

50년 간 우정을 쌓아온 여든 살의 동갑내기인 남녀가 있었다. 그들은 무엇이든 숨김없이 털어놓았고 매주 만나 함께 울고 웃었으며 어쩌면 잠자리를 같이 했을지도 모른다. 하지만 두 노인은 아직까지도 서로에게 존댓말을 쓰고 있다.

또 다른 그릇된 형태로 '교환 행위'가 있다. 하나 주고 하나 받으려는 교환의 원칙에 얽매이다 보면 진정한 내밀감 형성은 힘들어진다. 더군다나 말로써 둘 사이를 확인하려 들면 자기만족과 호기심이 범벅이 된 고약한 악취미만 스스로 확인하는 꼴로 씁쓸한 뒷맛을 느끼게 될 것이다.

"내가 누구하고 바람피웠는지 말해주면 당신도 말할래?"

"내 약점을 말했으니 너도 네 약점을 솔직히 털어놔 봐!"

"난 완전히 마음을 열었어요. 그러니 당신도 모든 걸 다 보여 줘요!"

이렇게 되면 친밀한 관계는 급속도로 위협받는다. 차면 넘친다는 말도 있듯이 지나치게 친밀한 관계는 파국에 이르는 속도도 그만큼 빠르다. 친밀감을 강요하는 것도 마찬가지다. 자칫 상대에게 부담을 줄 수도 있고 심지어 무언의 폭력이 될 수도 있다.

다시 한번 철학자 볼르노프의 말을 빌자면, "마음을 잘못 열면 마음이 혀로 몰려 수다스러워지고, 거리를 적당히 유지하는 예의에서 벗어나 상스럽게 허물없는 사이가 되어 버린다."고 했다.

진정한 친밀감을 유지하기 위해서 적당한 거리감도 지키라는 경고의 말인 듯 싶다. 친밀감을 강요당하는 쪽은 늘 고통스럽다. 그런 상황에서는 누구나 물러서거나 공격적이 되기도 하고,

달아나기도 하는데, 심한 경우는 폭력까지 동원하게 된다. 형제애나 소속감 같은 것을 원하기도 하지만 적당한 경계를 두어 자신의 고유 영역을 지키고 싶은 기본욕구도 있기 때문이다.

한때, 미국 기자들은 키신저 부부의 사생활을 지나치게 침범하며, 기사거리를 찾아 광분한 적이 있었다. 심지어 집 쓰레기통까지 뒤지며.

일기장, 은행 거래 명세서, 빨래통, 손수건 등은 개인의 사생활에 속한다. 이 영역을 침범하는 것은 신체적인 공격을 가하는 것보다 훨씬 더 공격적인 행위로 간주된다. 그래서 남의 사생활 침범을 위해서 아무렇지도 않게 사용되는 몰래 카메라나 도청 장치는 당사자들에게 어떤 몽둥이질보다도 더 큰 폭력이 될 수 있는 것이다.

사실 일상 생활에서도 우리는 알게 모르게 부단히 거리감에 신경을 쓴다. 육체적으로 불쾌감을 주는 사람이 너무 바짝 접근하면 머리끝이 쭈뼛해지고, 자동차가 뒤쪽에서 바짝 붙으며 빵빵거리거나 식당에서 모르는 사람이 양해도 없이 앞자리에 앉으면 불쾌해진다.

아무리 가까워도 모자란 듯하고 멀리 떨어지는 것도 한계가 있다니 얼마나 큰 모순인가. 그만큼 동경과 욕망, 그리고 감정은 모순투성이다. 그래서 우리는 성장하면서 신체 언어 같은 것을 발달시켜 표정이나 몸짓으로 적합한 신호를 보내 두 가지 요구조건을 채워온 것인지도 모른다. 이 감정의 신호를 올바로 해독할 줄 아는 사람을 만나고자 하는 바람으로……

누군가를 내 곁으로 끌어들이고 친해지고 싶을 때는 두 팔을 크게 벌리고 미소를 지은 채 머리를 약간 갸우뚱하며 입술을 열고 근육을 이완시키는 동시에 동공이 커진다. 원치 않는 사람을 밀쳐낼 때는 가슴에 팔짱을 끼고 선글라스를 끼고, 팔꿈치를 옆으로 벌린 채 몸을 뒤로 기대든가 다리를 꼬고 앉는 자세(이때 무릎의 뾰족한 윗부분은 가능한 한 침입자를 향하게 돼 있다)를 취한다. 그리고 대화 중에 자주 두 손을 들어 방어하는 시늉을 하거나 가로젓는다.

그렇다면, 친밀한 관계를 너무 성급히 요구하는 사람과 그렇지 않은 사람을 어떻게 식별할 수 있을까? 또 어떤 사람이라야 여유 있고 산뜻하게, 거부감 없이 친해질 수 있을까?

사실 친해지고 싶은 마음이 생기는 사람이라면 누구든 상관없다. 실제로 상대가 누구냐는 그리 중요한 문제가 되지 않기 때문이다. 근본적으로 우리 자신이 문제다. 감성지수가 높은 사람은 마음에 드는 사람을 위해서 항상 자기를 갈고 닦아 투명해지려고 노력한다.

물론 마음과 머리, 영혼과 온갖 감정을 말 그대로 수정처럼 투명하게 드러내 보이는 것은 대단히 위험하다. 쉽게 상처받을 수 있기 때문에. 그래서 필요한 것이 용기다. 상대방에 대한 섬세한 감각과 자신에 대해 한층 더 섬세해지려는 노력이 필요하다.

어느 날 문득, 생각지도 못한 순간에—대개는 그것이 밤일 가능성이 많다—내가 있어야 할 곳에 있을 때 갖는 편안함이 느껴질지도 모른다. 집에 도착했다는 느낌. 그의 집인 동시에 나의 집이기도 한 그 집에. 이 느낌을 바로 내면의 '친밀감'이라고 부른다.

영혼의 문이 활짝 열릴 때

"**미**안하지만 남자는 필요 없어요."

빨간 머리의 아름다운 내 친구가 단호하게 말했다. 그리고 우리가 단골로 가던 카페의 카운터에 몸을 기대며 맥주 한 병을 더 주문했다. 어떤 남자가 은근슬쩍 우리 앞 자리에 앉으며 수작을 부리려 하자, 대뜸 등을 돌리면서 쐐기를 박아 버린 것이다.

"내 앞에서 남자 얘기 좀 그만 할래? 이젠 신물이 나. 지긋지긋하다고!"

내가 다니는 테니스 클럽의 옆 탈의실에서 나지막이 새어나오는 소리다. "난 아냐. 그런데 요즘엔 정말 쓸만한 남자가 없다니까." 그녀의 친구쯤 되는 듯한 다른 여자가 대꾸했다.

몇 달 후. 너무나 어이없게도 이 세 여자는 모두 사랑에 빠졌다. 그리고 체념 섞인 목소리로 "이젠 끝이야." "남자라면 지긋지긋해." "다시는 감정 놀음에 말려들지 않겠어!" "어차피 다 헛된 일이야!"라던 호언장담을 번복하지 않으면 안 되었다.

　처음 그들은 감정이 저지르는 짓궂은 장난을 외면하려 했었다. 사랑이라는 감정은 때로는 속임수를 쓰기도 한다는 것을 사실을. 나는 어느 평범한 수요일에 그것을 깨닫게 되었다.

　시장을 보러 나갔는데, 어쩐 일인지 멋지고 매력적인 남자들이 거리에 쭉 깔려있는 게 아닌가. 혹시 어느 프로그램에서 '몰래 카메라'라도 찍는 걸까? 이럴 때 나 같은 여자들이 어떻게 하나 보려고? 아니면 슈퍼 모델 콘테스트에라도 가고 있는 중일까?

　그냥 장을 보러 나왔는데 하필 이럴 때 내 구미에 딱 맞는 남자들을 만나다니. 그것도 몇 미터 간격으로 줄줄이….

　생각할 시간이 필요했다. 잠시 후 숨이 턱 막힐 정도로 매력적인 세 남자 곁을 지나친 다음에야 비로소 깨달았다. 이 남자들은 늘 길에서 마주치던 사람들이었다는 걸. 단지 내가 그것을 미처 느끼지 못했을 뿐이라는 걸.

　그러니까 이 남자들은 어디 숨어 있다가 쏟아져 나온 것도, 어느 감옥에서 일시에 석방된 것도, 외국에서 막 귀국했기 때문도 아니었다. 문제는 바로 나, 내가 그들을 알아보지 못한 것이었다. 대체 무엇이 내 눈을 그토록 멀게 만들었을까?

　타이밍이다. 그뿐이다. 때가 무르익지 않았고 내가 그들을 바로 볼 마음의 준비가 되어 있지 않은 탓이었다.

그럼에도 어떤 이는 '내가 그 동안 얼마나 사랑에 굶주리고 욕망에 시달렸는데!' 하고 반문할지도 모른다.

정말 그랬을까? 우리도 미처 몰랐던 내면의 감성적 저항감이 신체 언어 같은 것을 통해서 아주 은밀한 방식으로 줄기차게 밖으로 사인을 보낸 것은 아니었을까?

이런 저항감은 여타 모든 감성과 마찬가지로, 나름대로의 이유를 지니고 있다. 마음의 문을 닫는 것은 아직 준비가 되지 않았음을 알리는 일종의 표현 방법이다. 받아들일 마음의 준비가 되지 않았고, 무엇보다 진정으로 원치 않았던 것이다. 사랑을 주고받는 데에 없어서는 안 될 힘, 즉 나를 열 수 있는 여력이 없었다. 그래서 당시에는 영혼의 빗장을 풀고 마음을 활짝 열지 못했던 것이다.

대체 무엇이 그 빗장을 잡고 있길래?

그건 일찍이 어린 시절에 겪었던 시행착오의 행동 모형일 수 있다. 자꾸 달아나려고 해도 발이 떨어지지 않던 어릴 적 꿈이나 혹은 과도한 욕구가 원인일 수도 있다. 그것은 우리가 생각하는 것보다 이미 훨씬 심각한 중독증세일 수도, 혹은 어떤 책임감일 수도 있다. 아이들에 대한 근심부터 부모를 모시는 일, 공직자로서의 의무나 종교적 규범 같은 게 거기에 속한다. 또 마음 저변에서부터 지금은 이성 교제에 적합한 시기가 아니라는 일종의 암시가 원인일 수도 있다. 그것도 아니라면 쇼펜하우어가 말했듯이 독신이야말로 '행복과 평정의 최상책'이라고 무의식적으로 느꼈을 수도 있다.

우리는 인생에 어떤 커다란 전기(轉機)를 맞거나 정신적 위기에 처했을 때, 또 마음을 정리하거나 무언가를 분석할 때 혼자 있고 싶어한다. 개인적으로 슬픈 일에 부딪치거나 새로운 깨달음을 얻을 때도 그렇다. 또 무의식적인 삶에 대한 환상이나 스스로 부끄럽게 여기도록 하는 결점이─사랑에 대한 갈증에도 불구하고─막상 자기를 열고 사랑하는 것을 방해할 수도 있다. 물론 이때 자신의 갈망이 사랑하는 대상에게 들통날까봐 정반대로 감정을 지나치게 과장해서 상대방의 주의를 흐리게 하기도 하지만.

흔히 여러 가지 감정이 뒤섞인 채로 무의식 깊은 곳에 숨어 있어서 인지할 수 없는 감성은 사랑을 주고받는 데 큰 방해요소가 될 수도 있다는 얘기다.

그러므로 혼자인 사람은 나름대로 본인에게 그 원인이 있다. 그 때만큼은 혼자 있고 싶은 것이다. 그럴 때는 영혼과 마음, 머리와 호르몬과 나머지 신체 기능의 아름다운 협주가 이루어질 때까지 자기를 집중시키고 조용히 기다리는 게 좋다.

그 전에는 아무리 현란한 몸짓으로 거리를 활보한다 해도 아무런 매력도 발산되지 않는다. 가슴이 보일 정도의 옷차림으로 파티를 쫓아다닌다 해도 마음의 문은 꼭 닫힌 상태다. 본연의 자아가 감성에 민감한 상대에게 이렇게 경고할 테니 말이다. '내게 가까이 오지 마세요!'라고.

마음이 정지해 있기 때문이다. 지금보다 더 적절한 때에, 더 적절한 사랑이 찾아오면 그 때 쏟을 열정과 의욕과 능력을 모으기 위해서 무의식적으로 물러서는 것이다. 이렇게 삼가는 생활을 하다 보면 잠시 자유와 휴식과 영혼의 평화가 찾아온다. 그 다음엔 활력과 집중력이 생기고 한결 온유해진다. 고통스러운 고립이 아니라 재충전이다.

나는 자기 일을 가지고 독신 생활을 하면서 그 생활을 만끽하는 여자들을 많이 알고 있다. 아마 그들도 한때는 누군가를 찾으며 고통도 겪었을 것이다. 하지만 자신의 능력을 쓸 곳을 깨달은 후에는 원만하고 만족할 줄 아는 여자가 되었다.

그 후 그들 중 더러는 일이 주는 무거운 책임감이나 부담감에서 잠시 벗어났을 때 우연히 옛 애인을 만나 결혼을 하거나 아주 새롭고 멋진 사랑에 빠지기도 했다.

때를 알아차리는 감각이야말로 감성지수 발달을 보여주는 가장 확실한 증거다. 일이나 사람이나 때를 잘못 만나 불행과 화가 따르는 예는 아주 많다. 삶은 국수를 건질 때, 카지노에서 돈을 걸 때, 미술품 경매장에서 손을 들어야 할 때, 단거리 달리기에서 출발할 때. 모두 너무 이르거나 늦어서는 안 된다. 성공했거나 순탄한 인생을 사는 사람들을 가만히 보면 때를 잘 탔다는 공통점이 있다. 비결은 따로 있는 게 아니다. 자기 내면의 시간

감각에 순응하고 아무런 조작이나 억지를 쓰지 않는 데에 있다. 전날까지 맛이 없던 복숭아가 다음날 단맛을 내는 이치라고나 할까. 어쩌면 그 내일이 우리에게 찾아와, 어느 새 원하던 일이 이루어지고 다른 감정들, 자잘한 욕심부터 교만, 그리고 희생에 이르는 허다한 감정들이 처리될지도 모른다. 그 때는 사랑을 택하든 고독을 택하든 더 이상 자신을 억압하지 않게 된다. 주어진 삶에 모든 느낌을 동원해서 나를 열 것이다. 전환기가 찾아오고, 사랑의 능력이 발휘되기 시작한다. 사랑은 이제 더 이상 어떤 신화 같은 이야기나 고민거리가 아니라 우리가 우리 스스로에게 베푸는 선물이 된다. 꾸밈없는 삶의 환희라는 반짝이는 비단에 싸인….

그 날 아침에는 더 이상 무언가를 찾아 헤맬 필요가 없다는 안도감으로 잠에서 깨어날 것이다. 오랜만에 다시 모험도 하고 싶어질 것이다. 시장바구니를 끼고 나갔다가 몇 미터 간격으로 이상형의 멋진 남자들을 만날 것이다.

자기도 모르게 미소가 새어나온다. 드디어 때가 왔나니…. 죄책감은 사라지고 없다. 준비가 됐다는 것은 약점이나 수치스러운 욕망이 아니다. 무모한 치기는 줄고 매력은 상승한다

그리고 누구라도 그런 나를 알아볼 것이다.

죽음에 가까운 고통, 질투

허겁지겁 쓰레기통을 뒤지고 있는 한 여자가 있었다. 애인이 사는 집 앞 쓰레기통이다. 그녀는 지금 애인의 부정을 증명할 증거를 찾는 중이다. 그녀에게 이토록 천박하고 비위생적인 행동을 하도록 충동질하는 그 감정의 위력은 실로 엄청나다. 그 엄청난 위력에 그녀도 감히 어쩔 도리가 없다. 이 여자가 바로 그 유명한 소설 《날으는 것에 대한 두려움》의 작가 에리카 융 (Erica Jong)이다. 그녀는 그 일을 회상하면 수치심을 감추지 못한다.

애인이 벗어놓은 지저분한 속옷을 휘저으며 애인이 바람 피운 단서를 찾는 또 다른 여자가 있었다. 세계적으로 유명한 심리학자, 낸시 프라이데이(Nancy Friday)였다. 문득 자기가 무슨 짓을 하고 있는지 깨달은 순간, 그녀는 책상으로 달려가 질투에 대한 베스트셀러를 써냈다.

226

헤아릴 수 없이 많은 여자들이(남자들도 마찬가지지만) 마치 무언가에 조종당하듯 남의 호주머니와 서랍과 옷장 속과 수첩과 하물며 소변을 본다는 구실 하에 욕실을 뒤지고 통화를 엿듣고 남의 편지를 훔쳐본다.

나 역시 그의 집에서 개수대에 들어있는 포크에 혹시 립스틱 자국이라도 묻어 있지 않을까 힐끔거리기도, 나이프와 포크의 개수를 몰래 세어보기도 했다. 또 있다. 베개에서 다른 여자의 체취가 나는지 킁킁거려 보기도 하고, 편지 봉투를 뜨거운 증기에 쏘여 열어본 뒤에 감쪽같이 붙여놓은 적도 있다. 운전석 옆 좌석에서 다른 여자의 외투에서 떨어졌을 법한 털을 찾아내기도 했다.

다 큰 어른인 우리들이 왜 이렇듯 철없고 바보 같은 행동을 하는 걸까? 그것은 바로 중독 때문이다. 질투는 중독이다.

다른 많은 감정들과는 달리 몰두하다 보면 사로잡히고 그것이 열정으로 변해 중독되고 탐닉하게 되는 감정이 바로 질투다. 질투는 그 감정을 느끼는 것만으로도 이미 반은 죽음에 가까운 고통을 경험하게 된다. 그리고 다른 중독들과는 달리 금단 현상이 오기도 전에 스스로 견디기 힘들어진다.

질투는 서서히 스며드는 독성에다 갑작스런 폭발성까지 지닌 특이한 혼합물이다. 게다가 온갖 고통스러운 감정들, 즉 복수심, 열등감, 허영심, 상실에 대한 두려움, 시기심, 심지어는 뜨거운 사랑이라는 감정과도 곧잘 섞이는 기괴한 감정이다.

지구상에 질투심에 면역된 사람은 아직 없다. 아이는 어린 동생에게, 시어머니는 며느리에게 질투를 느낀다. 하물며 개들도 주인이 다른 개를 쓰다듬으면 그 개를 공격한다. 영업사원은 전화를 건 자기 고객이 다른 영업 직원을 바꿔달라면 위궤양이 도진다.

그런데 이상하게도 자기보다 월등히 뛰어난 사람이 이길 때는 고통스럽지 않다. 아마추어 스키어는 금메달 수상자를 질투하지 않고, 오스카 상을 탄 여배우를 질투하는 단역배우는 별로 없다. 물론 부러워하기는 하겠지만 질투는 아니다! 질투의 대상은 경쟁에서 이기는 사람이 아니라 나도 선택받고 싶은 곳에서 ―대개는 사랑하기 때문에―특혜를 누리는 사람이다.

그래서 불안감으로 시작되는 질투는 시기심과 섞이면서 고통스러워진다. 그런데 이상하게도 질투를 모르는 사람에게서는 열정도 찾아볼 수 없다. 덕분에 고통을 느끼진 않겠지만 따분하기 그지없다.

하지만 막상 질투를 느끼고 고통스러울 때는 그 고통에서 해방되어야 한다. 최선의 방법은, 우습지만 질투라는 감정에 협조하는 것이다. 질투와의 제휴! 애정을 가지고 조심스럽고도 세련되게 그 감정을 자기편으로 유인하라. 그러면 그 감정이 품은 가시와 독을 제거할 수 있다.

앞서 말한 낸시 프라이데이의 《질투》에 이런 구절이 있다.

"질투를 없애는 것이 아니라 그것을 이해하는 것이다!"

질투를 이해하려면 우선 그 고통이 어디에서 오고 어떤 경로로 생겨나서 특히 어떤 사람을 잘 덮치는가를 알아볼 필요가 있다. 심리학자들 사이에서도 이에 대한 의견이 분분하다. 설명도 하나같이 그럴 듯하다. 그만큼 고통스러운 감정과 좀처럼 통제되지 않는 행동의 결합체인, 이 질투라는 감정이 생겨나는 데에는 여러 가지 요인이 있는 것 같다.

자궁 속에서 그리고 신생아 시기에 우리는 어머니를 우리의 세계로 여긴다. 어머니와의 결속이 유일한 생존 수단이라고 믿는다. 그래서 어머니를 잃지 않을까 하는 상실에 대한 두려움이 의식 속에 자리잡게 되는 건 이 때부터이다.

그 다음에는 아버지, 어머니, 아이의 삼각 관계 속에서 질투의 쓰라림을 맛보게 되고, 그 느낌은 결코 잊혀지지 않는다. 많이나 독자는 자신을 '삼총사'의 일원으로 느끼는 게 아니라 마치 '스페어 타이어'인 듯한 느낌을 갖는다. 그 후 형제 관계에서도 질투의 고통은 끊임없이 계속되고 고통의 심도도 점차 깊어지고 커진다.

나중에 우리는 소유가 무엇인지, 소유하기 위해서는 어떻게 투쟁해야 하는지, 가졌던 것을 빼앗길 때는 또 얼마나 고통스러운지를 배운다. 이제 우리는 거부당할 때의 고통과 사랑 받지 못할 때의 상처까지도 알고 있다.

"질투는 열등감에 대한 일반적인 두려움, 다른 사람과 비교당하는 데에 대한 두려움을 반증해 준다." 작가 막스 프리쉬의 일기장에서 나온 말이다.

질투의 유형은 언제 처음으로 느끼느냐, 어느 때 느끼느냐 하는 것만큼 다양하다.

당사자인 애인에게 화를 내는 사람도 있고, 관계에 끼어 든 제3자를 저주하는 사람도 있다. 또 누군가 자기를 능가한다는 확신이 들 때 비로소 질투를 느끼는 사람도 있고, 그 대상에 관계없이 그에 대한 사랑이 강하건 약하건 무조건 질투하는 사람도 있다.

그런가 하면 아주 특이하고 사악하게 변형된 질투도 있다. 바로 프로이트가 1922년에 '투사된 질투'라고 이름 붙인 질투가 그것이다.

이 질투는 부정(不貞)이나 부정하고 싶은 충동에서 생겨난다. 프로이트에 따르면 '자신의 양심에 면죄부를 주기 위해서' 무의식적으로 질투하는 양상을 보인다고 한다. 결국 자기 마음이 편해지려고 자기가 아닌 투사된 대상, 즉 애인이나 어떤 사람에게 질투하는 행위와 환상을 아주 간단히 옮겨놓는 것이다.

230

특히 질투가 고통스러운 것은 일단 한 번 질투가 생기면 끊임없이 질투할 거리를 찾게 되는 중독성 때문이다. 좀 더 정확히 말해서, 질투를 느끼는 사람은 사랑을 잃어버릴지도 모른다는 불안감이 일종의 확신으로 변한다. 그 확신이 정당한 것이든 아니든 그에게는 상관이 없다.

그렇지 않고서야 어떻게 침착하고 사려 깊고 현명한 사람들이 커다란 고통을 주게 될 것이 분명한 그 무언가를 그토록 미친 듯이 찾아 헤맨단 말인가? 불신과 의심은 질투의 촉매이자 기름이다.

질투가 심해지고 폭발하게 되면 살인까지 저지르는 격렬한 반응도 불사한다. 남녀 관계에서 일어나는 살인적 보복 행위는 라이벌보다는 잃었다고 생각되는 애인에게 가해질 확률이 더 높다. 다른 사람에게 빼앗기느니 망가뜨리겠다는 심리이다!

《삼각 관계에서 경험하는 질투와 해결 방안》이라는 책을 쓴 여성 정신분석학자 힐데가르트 바움가르트(Hildegard Baumgart)는 질투로 인해 살인을 저지른 사람들의 유형을 이렇게 분류해 놓았다.

"질투로 인해 배우자를 살해하거나 심한 공격성을 보이는 사람은 공생(共生) 욕구가 매우 강한 것 같다. 그들이 배우자를 죽이거나 다른 방법으로 그를 파멸시키고 싶어할 때는 자기 자신 역시 죽이려는 것으로 풀이된다. 무의식적으로 상대방에게 녹아

들어가 하나가 됐다고 느끼기 때문이다. 그것은 마치 태어나 처음 몇 년 간 어머니와 맺는 관계에서 느끼는 것처럼 무의식적이다. 반면 라이벌인 제3자를 살해하는 사람은 좀더 성숙한 단계에 이르렀다고 말할 수 있다."

따귀를 때리거나 살해, 혹은 도주와 눈물, 시비를 걸거나 위궤양에 시달리기 등등 질투에서 나오는 반응은 성별에 따라서도 다르다. 남자는 여자보다 더 공격적인 대신 진정도 한결 빠르다.

낸시 프라이데이는 말한다.

"남자가 정말로 심한 질투를 느끼게 될 때는 무언가 그에 반대되는 행동을 하기도 한다. 경쟁자를 때려눕히고 달아난 남자가 아주 빠른 시간 내에 숨을 수 있는 다른 여자의 품을 찾아내는 경우는 아주 흔하디 흔하다."

반면 여자는 마음속으로 조용히 고통스러워한다. 어느 설문 조사에서 심리학 교수 도로시 테노브(Dorothy Tennov)가 확인한 바에 의하면, 남자는 48퍼센트 정도인데 비해 여자는 60퍼센트가 사랑을 할 때 질투로 인해 '정서적으로 무너지고 우울했었다'고 한다.

그럼에도 여자들이 질투로 인해 생기는 분노와 슬픔을 발산할 수 있는 자체 돌파구를 찾는 것은 다행스러운 일이다. 여성 사회학자 셰릴 베나(Cheryl Benard)와 에디트 슐라퍼(Edit Schltter)는 1985년 12월 호 〈심리학 현황〉 지에 실린 '위협받고 있는 정부(情婦)'라는 기고에서 이렇게 썼다.

"유리창 깨기, 협박 전화, 직장 상사와 이웃 주민에게 폭로하기 등. 어느 집 현관에서 본처와 정부, 또는 애인 사이에서 벌어지는 살벌한 장면은 심심찮게 목격할 수 있다."

그러면 이러한 행동들은 과연 어떤 결과를 낳을까? 확실한 것은 결코 애인의 마음을 되돌릴 수 없다는 것이다! 사랑하기 때문이 생긴 질투가 어처구니없게도 그를 영영 줄행랑치게 만든다.

"아내에게 충실했는 데도 아내는 공연한 질투심으로 몇 년 동안 나를 들볶았습니다. 그런 아내에게 반발심이 생겨 끝내 다른 여자와 외도를 했죠. 아무 짓도 안 하고 욕을 먹을 바에야 차라리 해보고 욕을 먹는 편이 낫다고 생각했지요."

32세인 어느 컴퓨터 기사의 고백이다.

이만하면 무모한 질투심으로 상대를 붙잡고 가둬두려고 하면 그 반발이 얼마나 커지고 상황이 악화될지는 불 보듯 뻔할 것이다.

그렇다면 늘 도사리고 있다가 언제 발동할지 모르는, 시종 졸았다가 깨었다 하는 이 질투라는 감정을 어떻게 할 것인가? 어떻게 하면 질투 때문에 크게 고통받지 않고 그것과 더불어 살아갈 수 있을까?

힐데르트 바움가르트의 충고는 이렇다.

"질투 때문에 괴로운 사람은 필히 새로운 경험을 찾아 나서야 한다. (…) 그래서 삼각 관계가 반드시 사람을 소모시키고 해로운 것만은 아니라는 사실을 배워야 한다."

만일 우리가 질투 그 자체를 부러움이나 시기심과 구별할 줄 안다면 질투를 추악하고 어리석게 보이도록 만드는 허물을 벗길 수 있다는 말이다. 그리고 나서 새로운 불빛 아래 질투를 들여다 보면 그것이 반드시 해악만을 끼치는 것이 아님을 불현듯 깨닫게 된다. 오히려 질투가 대단히 유익할 수도 있다는 뜻이다. 이유야 어떻든 질투라는 감정을 통해서 우리는 한 사람에게 얼마나 예속되고 집착하는가를 알게 된다. 일종의 경계경보인 것이다. 그것이 진짜 위험 수위를 알려주는 지시계 역할은 못한다 할지라도 적어도 장애가 있다는 신호는 될 수 있다. 그리고 가장 확실한 것은 사람이 어떤 누군가를 아무리 사랑한다 하더라도 그를 완전히 소유할 수는 없음을 깨닫는 것도 이 질투를 아프게 앓고 난 다음의 일이라는 것이다.

실연을 극복하는 법

양심의 가책을 느낄 때는 실제로 심장이 물어뜯기는 기분이고, 시기심을 느낄 때는 실제로 심장이 갉아먹히는 것처럼 아프다고 한다. 분노할 땐 심장이 후끈거리고 질투할 때는 그것을 비수로 쑤시는 듯 아프다. 한결같이 너무도 고통스럽다.

그렇다면 실연의 고통은 과연 어느 정도일까? 그럴 땐 말 그대로 가슴이 무너져 내린다. 그게 바로 다른 감정들과 다른 점이다. 세상에 그보다 더한 고통은 없다. 그래서 사랑으로 아파하는 사람 옆에 있으면 그걸 지켜보는 것만으로도 가슴이 아플 때가 많다. 옆 사람이 이러한데 실연한 사람이 '그냥 죽었으면 딱 좋겠어'하는 독백은 전혀 과장이 아니다.

"너무나 절망스러워 창 밖으로 뛰어내릴 기운조차 없었어요." 애인에게 버림받은 한 여자 환자의 고백이었다.

그런데 실연했다고 죽는 사람은 별로 없다. 오히려 마음을 다쳤으면 다친 대로, 보란 듯이 오래 사는 사람도 있다. 무너진 마음의 상처가 아물면 더 단단해지는 걸 보면—아주 굳어버려 무감각해져서는 안 되겠지만—그렇게 놀랄 일도 아니다.

사랑을 잃는 사람들이 호소하는 느낌도 특이하고 다양하다.

"그가 떠난 뒤 줄곧 전 금단 현상 같은 걸 경험했어요. 정말 끔찍했지요." 한 여대생의 고백이다.

"남편이 떠나고 나서 이상하게도 몸이 절단된 듯해요. 그리고 그 절단된 부위가 정말로 아파서 못 견디겠어요." 은혼식을 손꼽아 기다리던 47세 여자는 남편이 함께 살면서 이룬 것이 아무 것도 없다는 말을 남기고 떠났을 때, 이렇게 말했다.

환각 증세에 시달리는 여자들도 많다.

"라디오를 끄기만 하면 그이 목소리가 들려요."

"길을 걷다 지나치는 사람들이 모두 그 사람처럼 보여요. 비슷한 자동차만 보면 그 사람일 것 같구요. 밤마다 잠을 청하려고 눈을 감으면 영락없이 그 사람이 모습이 또렷하게 떠올라요."

이들의 공통점은 안타깝게도 그 주관적인 느낌으로 끝나지 않는다는 것이다. 실제로도 그들의 외향마저 이전보다 더 어둡고 칙칙하고 추하게 변한다. 그리고 그렇게 달라진 모습은 그들의 상태 호전에 결코 도움이 못 된다.

하지만 과연 그래야 하는 것일까? 아픔을 감추어야 좋을까, 아니면 보란 듯이 드러내는 게 이로울까? 실연했을 때의 복장은 검은 색이어야 할까? 어차피 외출할 일 없으니 구겨진 면 잠옷으로 충분할까?

아니다. 실연했을 때는 청바지나 작업복이 제일이다. 사무적, 객관적이 되라는 뜻이다. 절망의 무게에 눌려 눈물의 바다에 익사하지 않으려면 정신을 바짝 차려야 한다.

그 슬픔은 지나치게 과장하지도 은폐하지도 말아야 한다. 그래야 현실 감각을 잃지 않는다. 검게 그을린 피부나 포도즛빛 머리색, 혹은 콘돔을 지니고 다니는 것이 부끄러움이 아니듯 실연의 아픔을 지니고 다녀도 좋은 세상이기 때문이다.

실연의 아픔은 되도록 아닌 척 꾸미는 대신 되도록 당당하고 자연스럽게 드러내는 게 좋다. 받은 고통을 부인해본들 버림받았다는 상황은 변하지 않는다. 오히려 역효과만 낳는다.

남자들은 버림을 받았다고 하더라도 '난 별 볼일 없는 인간이야!'라고 자책하는 경우는 극히 드물다. 하물며 사랑 때문에 번민했다고 수치를 느끼거나 명예가 실추됐다고 생각하는 남자는 더더욱 없다.

실연의 외상(外傷)에서 빠뜨릴 수 없는 게 바로 퉁퉁 부은 눈이다.

"사람 몸 속에 그렇게 많은 수분이 들어 있다니. 정말 놀랍지 뭐예요." 넉 달째 울고 다니는 한 여자 환자의 자조 섞인 농담이었다. 그녀는 몸 속에서 빠져나간 수분을 채우느라 거의 매일을 엄청난 술을 퍼마시고 있었다. 이 또한 실연의 증상 중의 하나다. 울어서 확장된 눈물샘은 알코올로 인해 더욱 부어오른다.

하지만 실컷 울 수 있도록 어깨를 빌려준 뒤 따끈한 차 한 잔을 내놓는 사람이 있다면 에이는 듯한 고통도, 조용히 사그라질 수 있다.

반면, '이럴 땐 왕창 마시고 잊는 게 최고!'라며 이 술집 저 술집으로 잡아끄는 사람은(정말로 그를 완전히 잊게 하고 자기가 차지하려는 의도라면 더더욱) 아무런 도움이 못된다.

자기를 파괴하고 황폐시키는 일은 마음에 상처 입은 사람을 결코 매력적으로 바꿔놓을 수 없다. 그보다는 차라리 은은한 우수가 그녀를 더 아름답게 만든다. 그것은 분위기 없는 마네킹의 매끄러운 웃음도, 온갖 세상 고에 찌든 표정도 아닌 진정한 아름다움이다. 입가에 머금은 비통함이 이성적으로 보이고, 아이라인을 그리지 않아도 눈매가 그윽해진다.

그래서일까. 마치 마음에 드는 옷을 벗고 싶지 않은 것처럼 실연한 모습을 벗어 던지지 않는 여자들도 더러 있다. 도서관 사서로 일하는 39세의 여자 역시 과부용 검은 베일처럼 몇 년 간 우울증을 쓰고 다니고 있었다. 그렇게 치밀하게 연출된 자신의 애처로운 모습이야말로 비할 데 없이 매력적이라고 생각하게끔 부추긴 것은 바로 다름 아닌 그녀의 허영심이었다.

그렇게 3년이 지나자 어느덧 그녀의 처지도 그에 걸맞게 되어 있었다. 아무도 그녀에게 눈길 한 번 주지 않았으니….

이제 그녀는 빨간 색 옷을 즐겨 입고 다닌다. 그리고 어느 파티에서 "좀 다쳤지만 상하지는 않았군요!"라고 재치 있게 말을 걸어온 남자와 사랑에 빠졌다.

하지만 실연으로 아파하는 사람에게는 선의라 할지라도 이런 충고는 금물이다. 단박에 공허한 냉소만 사게 된다.

"어쩌면 더 잘된 일인지 누가 아니?" 라든가, "이 시련을 자극제로 이용해 보는 건 어때?", 혹은 "이런 고통도 삶의 일부가 아니겠니!" 더욱이 행복한 한 쌍의 모습이 막 눈에 들어와 있을 때라면 그 어떤 위로의 말도 곧이 들리지 않는 법이다. 오로지 그녀가 보고 듣는 것은 옛애인이 포크를 쥐던 모습, 추운 날 한밤음에 옆에 와 누웠던 그의 머리카락 냄새, 귓가에 쟁쟁하던 그의 목소리뿐일 테니. 이런 기억 때문에 괴로운 시기에는 어떤 충고도 사실 소용이 없다.

하지만 냉정하게 계산을 하자면 실연으로 생기는 직접적인 이득, 즉 경제적 이익도 무시할 수 없다. 우선 돈이 절약된다. 물론 처음에는 눈물을 훔쳐낼 화장지를 무더기로 사들여야 하겠지만 여러 부분에서 절약할 수 있다. 전화 통화료가 덜 나오고, 냉장고를 샴페인으로 채워두지 않아도 된다. 니글거리는 피임약이나 단지 애인이 좋아한다는 이유로 사재기해야 했던 잼을 살

필요도 없고, 외식비도 절감할 수 있다. 실크 잠옷도 필요 없으며 자동차 연료비도 줄어든다.

또 처음에는 전혀 손에 잡히지 않던 일이 신기하게도 얼마 안 가 욕구가 솟구친다. 겪었던 고통에 비례하기라도 하듯 맹렬히 일에 매달리게 된다. 예술가와 대학생, 학자나 발명가들에게는 이런 경험이 낯설지만은 않다.

게다가 실연의 간접적인 이익 또한 만만치 않다. 애인은 떠났지만 그가 지녔던 장점을 배워 자기 안에서 키우고 발전시키는 사람이 있는가 하면, 사랑했던 사람 때문에 생긴 습관이나 사고방식, 몸 동작까지 의도적으로 배척하는 사람도 있다.

또 실연의 고통은 가끔 친구를 얻게 해준다. 고통이 사람의 관심을 자극하기 때문이다. 물론 개중엔 실연을 새로운 사건으로 보는 호기심, 아니면 남의 불행을 즐기는 심리, 혹은 뛰어들어 뭔가 해결해 보겠다는 공명심의 형태로 나타나기도 한다. 사람들은 실연한 사람에 대해 지레 부담을 느끼고 달가워하지 않는 것도 사실이지만 눈물겨운 러브스토리를 열심히 들어줄 사람은 언제나 어디서나 늘 있기 마련이다. 그래서 한밤중 느닷없이 전화를 걸어 손수건 세 장을 다 적시고도 수화기를 내려놓지 않아도 되고, 난데없이 집 앞에 꽃바구니가 놓여져 있기도 하고, 교외로 가는 기차표나 극장 티켓을 들고 찾아오는 사람도 생긴다.

쓰디쓴 눈물 뒤에는 달콤한 뒷맛이 있다고나 할까. 애잔한 슬픔을 즐기는 것도 실연한 사람들의 공통점이다. 그러나 그 슬픔을 음미하기 이전에 명심해야 할 게 한 가지 있다. 그 씁쓸한 고통을 맛보기 위해서는 추억의 지옥에 잠수하지 않으면 안 된다는 사실이다.

방법이야 간단하다. 함께 듣던 '둘만의 노래'를 테이프에 반복 녹음해 놓고 종일 듣다 보면 장담하건대 슬픔의 수위가 지속될 것이고, 둘이 다니던 단골 식당이나 팔짱을 끼고 걷던 산책로, 박물관을 다시 되밟아 보면 여지없이 옛 상처가 도질 테니까.

그것으로도 모자라면 그 고통을 말로써 입 밖으로 내보낸다. 그러면 고통의 강도는 쉽게 한계를 넘어버린다. 실제로 "하늘이 무너지고 땅이 꺼졌어. 그래서 난 더 이상 살아남을 수 없어."라고 말하는 사람이 고통을 극복하는 데 걸리는 시간은 "많이 슬프지만 견뎌낼 수 있을 거야."라고 말하는 사람보다 훨씬 길거나 정말로 살아남지 못하기도 한다. 자신이 슬프다는 사실에 슬퍼하는 사람은 결국 두 배의 슬픔을 겪는 셈이다. 다른 어느 누구도 아닌 자기 스스로가 만들어내는 생각 때문에 말이다. 모든 감정은 이렇게 생겨난다.

한편, 곰곰이 생각한 끝에 실연의 고통을 무기 삼아 상대방에게도 똑같은 아픔과 죄책감을 주면 떠났던 사랑이 돌아올지도 모른다는 헛된 기대에 매달리는 사람도 있다. 언뜻 보기에 그건 마치 스스로를 추스르기 위한 노력 같기도 하고, 최소한 적극적으로 공격성을 드러냄으로써 슬픔을 삭힐 때 빈번히 생기는 위궤양이나 직장염으로부터 자기를 보호하려는 의도 같기도 하다 (하지만 그것이 착각임은 이미 학문적 연구가 뒷받침했다). 그러나 그건 큰 오산이다.

실제로 내가 아는 사람은 전화 자동 응답기에 "만에 하나 애인이 전화를 걸었을 때는 마음이 갈기갈기 찢어질" 내용을 구슬픈 멜로디와 함께 녹음을 해 두었었다. 그러나 2년 전에 헤어진 애인에게서는 지금껏 전화 한 통화 오지 않았다.

그렇다고 반대로 그가 사준 선물을 부수고 구기고 팔아버리고 연애편지를 휴지로 사용한다거나 닥치는 대로 다른 남자들을 만나는 것 등은 영락없는 발작이며 스스로에 대한 자학일 뿐, 원한은 바라는 대로 쉽사리 가시지 않는다.

그러나 단 한 가지, 정말로 위안을 받을 수 있는 방법이 있다. 그것은 떠나간 사람도 나와 똑같이 괴로울 거라는 확신이다. 실제로도 대개는 그렇다.

실연을 극복하는 방법상의 문제로 넘어가기 전에 우리가 확실히 못박아 둘 게 하나 있다. 실연을 신성(神聖)시 하지 말자는

242

것이다. 그러기 위해선 먼저 실연을 여러 조각으로 분해해서 이성적으로 그 의미를 풀어보아야 한다. 로맨틱한 색깔도 빼고 한껏 성스럽던 신성함도 모독하지 않을 수 없다. 그러면 실연의 고통은 슬그머니 종적을 감추기 마련이니까.

우선 다음과 같은 몇 가지 신성 불가침인 동시에 터무니없이 가공된 생각을 없애야 한다.

"고통이 크다는 것은 그만큼 지나간 사랑의 열정이 컸다는 증거다."라거나 "전혀 고통이 없는 사랑보다는 고통스런 사랑이 아름답다"는 신화이다.

이것은 자기 기만의 허울 좋은 방편이거나 고통에 중독되어 감각이 마비된 나머지 그나마 어떤 고통을 느꼈을 때야 안심하는 편집증 환자를 위한 자위(自慰)에 불과하다.

실연은 어떤 상태가 아닌, 하나의 과정이다. 그것은 인지, 생각, 가치관, 마음속에 깊이 새겨진 언어들과 그때 그때 떠오르는 감정들로 이루어져 있다. 실연은 결코 불가사의한 운명적 사건이 될 수 없다는 얘기다. 그러니 '이 세상에 누군가를 그리워하고 떠나버린 사랑에 우는 사람이 어디 나 혼자 뿐이랴!'라고 생각하자.

스스로 비극적 역할을 떠맡는다고 가치와 품위가 더해지는 것은 아니다. 그건 마치 홍역에 걸렸다고 해서 가치와 품위를 얻게 되지 않는다는 것과 같은 이치이다. 흔히 기대하듯 실연한 사람만이 '삶의 깊이'를 알거나 '심오한 내면'을 갖게 되거나 심지어는 '충만하고 격정적인 감정'을 갖게 되지 않는다. 행복한 사랑을 하는 사람들도 충분히 이 모든 걸 느끼고 생각하고 소유할 수 있다.

실연한 사람이 다른 사람보다 잘할 수 있는 게 있다면 그건 먼저 깨달은 덕분에 자신의 경험을 여러 각도로 이해할 수 있다는 점이다. 정말로 이 경지에 이른 사람은 하나의 사랑이 깨졌다고 서둘러 새로운 애인의 팔짱을 끼고 '사랑의 아픔은 헛되어라'라고 콧노래를 부르는 풋내기와도 구별된다.

실연의 고통을 이기는 첫걸음은 그것이 치료될 수 있는 게 아니라 단지 지나가는 것임을 깨닫는 것이다. 거기까지 이르려면 기본적인 품위를 유지해야 한다. 늘 머리를 깨끗이 감고 언제까지 그 상처를 받고 아파할 것인지 스스로 시한을 정해야 한다.

그리고 어느 날 문득 잡지를 보다가 애인의 별자리 운세보다 자기의 별자리 운세에 먼저 눈이 가면 실연의 고통은 끝났다고 봐도 좋다. 그리고 연말이 와서 새 수첩에 애인의 생일을 자동적으로 옮겨 적는 일이 없다면 고통은 끝난 것이다.

실연에서 얻는 것은 과연 무엇일까?

무엇보다 다시는 옛날로 되돌아갈 수 없다는 사실이다. 하지만 그건 실연이 없었더라도 마찬가지이다.

이루어질 수 없는 것에 대한 동경

꼭 봄바람은 아니더라도 우리는 가끔 알 수 없는 무엇 때문에 공중에 뜨는 것 같은 기분을 느낀다. 고개를 들어 기대 어린 시선으로 냄새를 맡아본다. 이게 뭘까? 속삭임? 또 다른 기회? 결국 그런 느낌에 떠밀려 물가로, 새로운 일자리로, 때로는 새로운 파트너를 찾아가기도 한다.

에두아르트 뫼리케(Eduard Morike)는 이런 마음의 동요와 막연한 욕망을 이렇게 시구에 담았다.

해바라기같이 열린 내 마음
그리움을 머금고
사랑과 기대 속에서
기지개를 켜누나

우리는 어떤 대상을 사랑하고 그로 인해 희망을 품기를 바라지만 무심히도 그것은 그대로 되돌아옴을 느낀다. 동경(憧憬)이란 이름으로!

달콤하면서도 고통스러운 동경의 이런 반격에 대한 우리들의 반응은 아주 제각기이다.

"창가에 서서 흘러가는 구름을 하염없이 바라보곤 해." 내가 아는 사람은 이렇게 말했다.

"여행사 카탈로그는 아무리 보고 또 봐도 지겹지 않아. 집에선 마치 범죄 소설을 읽듯이 세계지도 '읽기'에 푹 빠져들지. 지도를 꺼내놓고는 우유아나, 윈도로크 같은 신비스러운 곳들을 찾아보곤 해." 다른 친구의 말이다.

"몇 시간이고 욕조에 들어앉아 정신 없이 물장구를 치곤 해요."라고 고백하는 사람도 있고, "남편에게 연애 편지를 써요."라고 털어놓는 사람도 있다. 또 "어렸을 적에 읽던 낡은 동화책을 다시 꺼내 읽곤 해요." 라든가 "전 지금까지도 동화 속의 왕자님을 기다린답니다."라고 말하는 사람도 있다. 모두가 평소에는 지극히 현실적인 여자들이다.

이런 느낌이 찾아올 때 마구 휘둘리는 여자들이 있는가 하면 또 그 때문에 심한 우울증을 앓는 여자들도 있다.

동경이란 누구에게나 있는 법이다. 잘 나가는 커리어우먼은 가정 주부를 동경하고, 주부는 독신들의 자유분방을 동경한다. 먼 곳에 출장 가 있는 애인을, 혹은 다른 여자의 품에 안겨 있을지도 모르는 그를 그리워한다. 그런데 그 애인이 돌아와 옆방에 앉아 있으면 그 그리움은 현격하게 줄어든다.

이만하면 한 가지 확실해지는 게 있다. 사무치는 그리움과 소모적인 감정은 흔히 도달할 수 없는 데에 목표를 두고 있다는 점이다. 예컨대 과거로의 여행, 하늘의 별 따기나 혹은 어찌어찌 해서 평민이 되었지만 알고 보니 왕자님인 이상형 남자에 대한 기다림 등….

거기에 충동, 소망, 욕구, 욕망, 갈망이 함께 진득하게—하지만 달콤하게—뒤섞인다. 그러다가 동경 그 자체를 사랑하고 필요로 하기 시작할 때, 몽상이 도를 넘어 또 다른 동경을 동경하게 될 때 동경은 병적이 된다.

대부분의 사전에서는 동경을 '오랫동안 지속되는 강한 열망, 특히 이루어질 수 없는 것에 대한 열망!'이라고 간결하고 객관적으로 정의하고 있다.

그런데 동경을 가졌으되 확실하게 무엇을 동경하는지 모르는 경우가 태반이다. 그만큼 동경은 아득하고 막연하다.

그것이 비단 몇 사람의 얘기가 아니라는 것은 몇 가지 예만 봐도 금방 알 수 있다. 시대를 막론하고 알 수 없는 동경을 정의

하느라 시인들은 고민했고 분투했다. 여기 적힌 몇몇 유명한 시
구에서처럼 말이다.

> 생명의 실이여, 끊어지려면
> 끊어지려무나!
> 이 감당하기 어려운 갈망을
> 삶을 부지하며
> 감출 수가 없구나
>
> — 12세기 일본의 쇼쿠시 공주

> 별빛은 이다지도 밝은데
> 쓸쓸히 창가에 서서
> 멀리 고요한 곳에서 들리는
> 우편 마차 소리
> 가슴은 육신 속에서 불타오르고
> 남몰래 생각해 보는
> 아, 이 눈부신 여름 밤
> 함께 떠날 사람이 있으리!
>
> — 요세프 폰 아이헨도르프

> 지나간 시간, 아릿한 슬픔
> 나지막한 전율이
> 섬광을 그으며

가슴을 쓸어내리네

　　　　　　　－ 요세프 폰 아이헨도르프

이젠 얌전한 소녀처럼
우아하고 정숙하게 앉아 있으래
아무도 보지 않을 때에만 머리를 풀어
바람에 날려 보래

　　　　　　　－ 아네테 폰 드로스테-휠스호프

이제 뜰에는 개들이 짖고
오, 여름밤이여, 반쯤 가져진 별들이여
왜 이처럼 내 가슴을 너희 하얀 궤도를 따라
머나먼 곳으로 이끈단 말인가!

　　　　　　　－ 헤르만 헤세

　이런 동경의 감정이 생길 때는 어떻게 해야 할까? 은밀한 쾌
감을 안겨주니까 침묵하는 게 좋을까? 어차피 백일몽일 테지만
갈망하는 상황의 일부를 미리 맛볼 수 있으니까 말이다. 아니면
욕망과 동시에 무능을 인정하면서 부끄러워해야 마땅한 것인
가? 고상한 시인처럼 고매해 보일 테니 자랑스러워해야 하는
가?

　모두 아니다. 우선 동경을 여유 있게 다루는 법을 배워야 한

다. 동경에 취해 있다가 비련의 주인공이 되지 않으려면 그 감정을 올바로 활용할 줄 알아야 한다. 미적지근한 비애 속에 가라앉지 않으려면 동경을 계기로 새로운 활력을 얻어야 한다. 창조성을 키우고 새로운 일에 도전하고, 소망과 현실 사이의 경주에서 용기를 시험해 보기에 필수적인 게 바로 동경이니까 말이다.

예를 들어 회사의 우두머리가 되겠다는 꿈은 명예욕을 올바르게 자극한다. 또 이국(異國)과 미지(未知)에 대한 향수에 젖은 사람이라면 그 목적을 이루기 위해서 돈을 절약하고 계획을 세우고 철저히 준비를 해야 한다. 사랑을 갈망하는 사람은 자기의 내면과 외향이 아름다워지도록 노력해야 한다. 그리고 고독에서 벗어나고 싶어하는 사람은 인간에 대한 신뢰를 쌓고 자기 마음의 벽을 허물어야 한다.

그런데 로맨틱한 환상이란 게 실제로 충족되고 나면 오히려 실망스럽다는 사실을, 우리는 경험으로 안다. 어리석고 비현실적인 동경 때문에 현실이 더 소중하다는 것도 함께 깨닫게 된다.

'지나간 착각의 허무함이여!' 하고 운운하며….

그러므로 '꿈에 그리던 이상형 남자'는 얼마 안 가 치졸한 속물이 되고, 머나먼 따뜻한 나라는 이미 사라지고 없는 것인지도 모른다.

그렇지만 지나치게 막연한 동경을 포기하고 나면 작고 소박한 기쁨을 톡톡히 향유하고 만끽할 수 있다. 해변에서 한낮을 보낸 뒤의 시원한 샤워, 험한 산 정상에 올랐을 때 들이키는 물 한 모금, 시내를 실컷 돌아다니다가 집으로 돌아와 신발을 벗었을 때의 편안함 등등….

그런데 끝까지 지니지 않으면 안 될 동경이 하나 있다. 바로 사랑에 대한 동경이다. 남녀문제 전문 심리치료사 위르크 빌리 (Jurg Willi)는 주장한다.

"진실한 사랑에 대한 동경만 있어도 행복한 결혼 생활의 중요한 한 가지 요건이 충족된 것이다."라고.

'진정한 사랑' 찾기

큐피드의 화살에 맞으면 사랑에 빠진다! 이것을 대체할 만한 설은 아직까지 나오지 않고 있다. 마지막으로, 지구상에서 가장 많이 이야기되고 있는 감정, 즉 사랑에 대해서 학문 외적으로 접근해보고자 한다. 학문적이고 논리적인 설명은 지금껏 아무에게도, 특히 사랑에 빠진 사람에게는 결코 도움이 되지 않았기 때문이다.

사랑에 관한 장황한 심리학적 해석과 반발심만 불러일으키는 생물학적 설명은 귀가 따가울 정도로 많이 쏟아지고 있다. 그리고 그 해석이 길어지고 저속해질수록 그것에 관한 우리의 욕망은 점점 줄어든다.

사랑 이야기에 할 말 없는 사람은 없을 것이다. 교회가 끼어들고, 문화비관론자들은 고개를 절레절레 흔들고, 결혼상담소는 사랑을 부추긴다. 냉소적인 독신주의자들은 사랑에 코웃음을 치다가도 옆자리에 괜찮은 대상에게는 슬며시 곁눈질을 한다.

'진정한 사랑'은 과연 추구해야 할 만한 가치가 있는가? 그러니 찾아 나서야 할까? 아니면 일찌감치 주저앉는 게 더 나을까?

유명한 연극인 조지 타보리(George Tabori)는 영생이 없다는 것을 '알지만', 그럼에도 불구하고 영생을 '믿는다'고 했다. 감정에 대한 우리들의 입장도 대체로 이와 비슷하다. 대개는 잘 모르겠고 헷갈린다고 하면서도 '진정한 사랑'은 굉장히 자주, 정확히 말한다면 너무나 남발되고 있다.

어느 날 나는, 우연히 도시에서 멀리 떨어진 외딴 숲 속에서 저명한 민속학자 만프레드를 만났다. 어떤 여자와 팔짱을 끼고 걸어오고 있었는데, 행동거지로 보아 둘 사이가 보통 관계가 아님을 한 번에 알 수 있었다.

내가 알고 있는 그는 스키에 매는 신발끈조차 귀찮아할 정도로 얽매이는 걸 혐오하는 사람이었다.

그런 그가 그녀에게는 단단히 반한 듯이 보였다. "사랑에 빠졌어. 난생 처음으로 진정한 사랑을 알게 된 거지." 훗날 그가 했던 고백이다. 그 때 그의 미간에는 스스로도 납득할 수 없다는 곤욕스러움이 배어 있었다. 불가능하다고 여겼던 감정이 느닷없이 그를 덮쳤다고 했다. 난감했지만, 그렇게 행복해 본 적이 없었다고도 했다.

그보다 22세 연하, 유부녀, 남편의 아이 임신중, 변호사 사무실 직원. 이것이 그가 사랑에 빠진 여자의 이력이었다. 민속학자인 그는 자료 테이프를 몽땅 치우고 그녀가 좋아하는 인형들로 침실을 가득 채웠다. "영원히, 아니, 그녀가 날 원하는 동안만이라도" 그녀에게 충실하고 싶어했다. 그는 마침내 삶의 의미를 찾았노라고 했다.

사랑이여, 이토록 전능한 힘을
누가 네게 주었단 말인가?
나이는 너의 상대가 될 수 없고
너를 당해낼 계략이 없구나

800년 전의 어느 시인이 남긴 처절한 시다. 오랜 시간이 흐른 지금도 별로 변한 게 없어 보인다.

누구나 사랑에 빠지면 판단력을 잃고 유치해지며 속수무책이 된다. 그렇다면 이렇게 극적이며, '광적인 사랑'이 '진정한 사랑'일까?

이 엄청난 감정에 마음을 여는 사람은 그 어두운 면 또한 감수해야 한다. 다음날 아침 숙취로 얼마나 고생을 하게 될지 뻔히 알면서도 술을 마시는 술꾼처럼. 얼마나 발이 아플지 뻔히 알면서도 높은 뾰족구두를 신는 여자들의 허영심처럼.

그렇다. '진정한 사랑'은 천국이 아니다. 그것은 차라리 하나의 사업이다. 모든 감정이 달라붙어야 하는 가장 힘겹고 고달픈 일이다. 사랑은 제 마음대로 우리의 기분을 뒤흔들고 영혼 깊숙이 파고들어 괴로움을 준다. 그리고 일단 걸려들면 그 책임까지 고스란히 혼자 떠맡아야 한다. 사랑을 한다는 것은 얽매이고 짐을 진다는 것이다. 요령도 통하지 않는다.

하지만 이렇게 심장이 멎을 듯한 감성의 고전압 상태가 날마다 계속된다고 생각해 보자. 누가 그걸 견디겠는가? 그래서 사람들은 종종 사랑이 좀 덜 위대하고 지나치게 극적이지 않기를 바라는지도 모른다.

실제로 진정한 사랑의 추이는 묘하게도 서로 비슷하다. 그 열정이 한 학기, 한 계절을 넘기지 못한다. 아무리 진정한 사랑이라 해도 아슬아슬하게 인간이 견딜 만할 정도로 조절되고 거품이 빠진 다음에야 비로소 참된 충만감을 느낄 수 있다.

사랑이 우상이 되기까지 일반적인 조건에 대해서 심리치료사인 베르트 헬링어는 이렇게 지적했다.

"바로 그 남자, 그 여자를 찾기가 힘든 겁니다. 좋은 남자, 좋은 여자들은 얼마든지 있지요."

아무리 진정한 사랑이라 하더라도 저주하고 싶을 정도로 고통이 따르는 사랑이라면 아예 포기하겠다고 할지도 모른다. 그러나 이것은 비겁하고 소심한 사람이나 할 짓이다. 피하는 것보다는 부딪치는 게 백 번이고 옳다. 그러면 물론 심하게 다칠 수도 있다. 하지만 그렇게 심하게 다친 상처가 있어야 비로소 그보다는 덜 위대하지만 그런 대로 진정한 사랑을 할 능력을 갖추는 것이다.

어느 똑똑한 여자가 이런 얘기를 한 적이 있다. "진정한 사랑이 뭔지 알아요. 그런 사랑을 해봤으니까요. 제 인생에서 수차례 내 안에 내재하는 진정한 사랑을 일깨울 수 있는 남자를 만난 적이 있어요. 그리고 마지막 사랑이 찾아왔을 때 바로 그 남자와 결혼을 했구요. 그는 내가 참된 사랑을 할 줄 알고 그걸 미리 연습해 둔 것을 기뻐했지요. 그건 일종의 재능이지만, 약간의 연습도 있어야 하거든요."

목하 사랑에 빠져 있는 19세의 줄리엣은 사뭇 다르다.

"태어나 처음으로 진정한 사랑이 뭔지 알겠어요. 이젠 두 번 다시 다른 어느 누구도 이렇게 사랑할 수는 없을 거예요. 마이크는 언제나 내가 그리던 바로 그런 남자예요. 그의 살 냄새, 옴폭한 콧구멍, 긴 금발, 그 머리가 나부끼도록 성큼성큼 걸어오는 모습. 그 모든 것들이 날 숨막히도록 행복하게 해요. 그가 날 애무할 때는 엄청난 쾌감이 통증처럼 느껴져요. 잠깐만 방을 비워도 그리워져요. 실크 주머니에 그의 사진을 넣어 스웨터 안에 품고 다니죠. 온종일 그와 함께 살고 싶은 집을 머릿속에 그려보고 나중에 갖게 될 우리 아기들의 이름을 생각하곤 해요."

어쩌면 18년 전, 줄리엣이 유모차를 타고 있을 때 지금의 그처럼 옴팍한 콧구멍을 가진 남자가 그녀를 내려다보았는지도 모른다. 따스한 햇살, 기분 좋은 포만감, 어머니의 부드러운 음성…. 이런 것들이 한 데 어우러져 완벽하게 행복했던 순간에. 어린 시기에 황홀한 느낌을 준 사람이 일생일대의 사랑을 선택하는 데 결정적인 역할을 한다고 한다. 유아기의 무의식적 욕망이 후에 위력을 발휘하기 때문에 줄리엣의 경우는 마이크가 해당되는 셈이다.

하지만 그로부터 2주 후, 그 실크 주머니는 드라마틱한 제스처와 함께 강물 속에 던져졌다. 13세기의 시인 고트프리트 폰 슈트라스부르크(Gottfried von Stra burg) 역시 이런 시를 썼을 때에는 아마 줄리엣과 비슷한 심경이었으리라.

고통은 사랑 없이도 올 수 있지만
사랑은 고통 없이 올 수 없다네

'진정한 사랑'의 또 다른 특징은 사랑을 하는 동안 그 사랑에 속는다는 데 있다. 그것은 사랑이 끝난 뒤에도 마찬가지인데, 절대적으로 '진정한 사랑'은 바로 지나간 사랑에 있다는 속성 때문이다. 처음에는 하찮게 보이다가 나중에는 참사랑으로 승화하는 양상이 있다. 이 승화된 감정은 세월이 지나도 여전히 공기 펌프처럼 계속해서 부풀어간다.

줄리엣을 떠난 마이크는 지금 열 살 연상의 디자이너를 사귀고 있지만 줄리엣은 아직 그 단계에 이르지는 못했다. 사랑에 멀었던 눈이 아직 제 시력을 회복하지 못했기 때문이다.

나이와 사랑은 무슨 관계가 있을까? 더욱 맹목적이 될까 아니면 점점 무뎌질까? 모든 감성의 불씨마저 이성이라는 부지깽이로 꺼버릴까, 아니면 마지막 사랑에 몸을 사르려 불 속으로 뛰어드는 불나방이 될까? 분명한 것은, 사랑에 빠지고 나면 영혼은 열정으로 만신창이가 되고 가슴은 불타버린다는 것이다.

결국은 두 마리의 원앙을 찾아냈다.

"이이는 내 일생의 참사랑이에요." 리자가 말한다.

"그건 당신도 마찬가지요." 페터가 말한다.

"밤에 침대에 누워 책을 읽다가 내 쪽 불을 끄면 이이도 곧바로 불을 끄지요. 그렇지 않으면 내가 깊이 잠들지 못한다는 걸 알기 때문이에요. 읽고 있던 추리소설이 아무리 흥미진진하다해도 상관 없어요." 리자가 말한다.

"이 사람은 가장 예쁘게 생긴 딸기를 내 접시 위에 올려놓습니다. 그럼 난 이 사람이 다른 곳을 볼 때 얼른 그 딸기를 이 사람 접시에 되돌려 놓지요. 그러다 들키면 그 놀이는 처음으로 돌아갑니다."

"우린 결혼한 뒤 지금껏 늘 이렇게 살아요." 리자가 말한다.

"53년 전에 결혼했습니다." 페터가 말한다.

진정한 사랑의 주된 특징은 바로 지속성이 아닐까? 이쯤되니 심리학자들의 말과 설문조사와 직접 목격한 장면이 서로 연관을 지으며 어떤 믿음으로 다가온다.

'참사랑', '진정한 사랑'은 세월이 흘러도 그 사랑을 말할 수 있는 사람만이 찾을 수 있는 것이다. 그런데 세월이 흐름에 따라 변하는 것도 그 참사랑의 특징이다. 금방 타올랐다가 금방 식는 사랑은 '오로지' 한 방향으로만 흐르고, 급류에 말려 극적인 이별을 맞거나 흔적도 없이 미지근하게 식어버린다. 그러나 오래 지속되는 사랑은 석회 방울이 모여 종유석을 이루듯 조금씩 조금씩 키가 자란다. 그렇게 서로를 이어주는 힘 또한 늘 새롭게 재생된다. 함께 보낸 시간들이 추진력을 보태준다. 물론 무한한 행복으로 두둥실 떴다가도 땅에 발을 디뎌야 한다. 그리고 처음의 핑크빛 안경으로 희미했던 시야를 밝게 해줄 혜안도 필요하다.

혹시 지금 옆에서 코를 골며 내 단잠을 앗아가는 야수가 바로 그 '진정한 사랑'일지 그 누가 알겠는가? 그러니 그 야수의 목을 조르겠다고 성급하게 달려들지 않는 게 좋겠다. 겨우 맥주 두 잔에 취중진담 운운하는 남자에게 곧바로 현관문을 가리키지도 말아야 하듯이….

단지 느낌상 좋아서 그의 곁에 있다 보니 느닷없이 그 '진정한 사랑'이 나타나면 어쩌겠는가.